To my great granfather Georges, I feel like I know you a little better now.

Mémoires des camps nazis: manuscrit d'un survivant belge aux camps de travail nazis

Prologue

Tout le contenu repris dans les pages ci-après provient de la retranscription intégrale des notes manuscrites de la main de mon arrière-grand-père, Georges Bataille, qui les a rédigées au fil des mois de séquestration dans les camps de travail nazis durant la seconde guerre mondiale.

Considéré à tort comme un espion et transpercé de 5 balles le long d'une route de campagne en Belgique, il sera laissé pour mort mais survivra à cette épreuve pour subir de multiples sévices lors de ses emprisonnements successifs.

Je livre ce contenu dans son intégralité, sans aucune retouche ou correction. Le texte original a été rédigé sur un livre scolaire de l'époque, au crayon noir. Je n'ai aucune idée de comment il a réussi à le garder avec lui durant toute cette période mais le résultat est là. J'ai recopié le contenu page par page d'où la présentation fluctuante en fonction du contenu original.

La version française (texte original) sera toujours sur les pages de gauche du présent ouvrage et afin de permettre au plus grand nombre d'en prendre connaissance, une traduction anglaise est proposée sur les pages de droite en vis-à-vis du texte traduit.

Certains mots ont été effacés au fil du temps, ils sont indiqués entre parenthèses avec, si possible, la proposition la plus probable.

Peut-être certains noms aideront des personnes à mieux comprendre ce qui est arrivé à un de leur parent, ami ou connaissance.

Ces pages permettront, je l'espère, d'immortaliser ces mémoires de guerre et de les faire passer à la postérité afin de ne jamais tomber dans l'oubli.

Ludovic Moreau

Prologue

All the content in the pages here after are the results of the complete transcription of hand written notes by my great grandfather Georges Bataille, who wrote them while he was sequestered inside the Nazi labor camps during the second world war.

Wrongfully accused of being a spy and shot five times along a countryside road in Belgium, he will survive this ordeal but only to suffer abuse during the following imprisonments. The original texts were written with a pencil on a schoolbook at the time. I have no idea how he managed to keep it with him all this time but here it is. I copied the content of each individual page thus each following page matches the original page in the schoolbook.

I give you this testimony in its full original content and the English translation to the best of my abilities.

The original French text will be located on the left pages of this book and in order to have the story known to as many people as possible, an English translation is proposed on the right pages opposite to the translated text.

Certain words were erased by time, they are noted between parenthesis and, if possible, the most likely word is provided.

Maybe certain names will help some people understand what happened to one of their parent, friend or relative.

I hope that these pages will immortalize these memories so that they will never be forgotten.

Ludovic Moreau

Jeudi 27 mai 1943

A 12h30 à proximité de la frontière, je suis arrêté. Un commandant allemand, pistolet au poing m'ordonne de descendre, j'entends des coups de feu. A peine ai-je mis pied à terre que je suis entouré d'une quinzaine d'allemands, armés de mitraillettes; en un clin d'oeil, je suis complètement déshabillé et reste seulement en chemise devant le commandant, les doublures de mes vêtements sont décousues, retournées et soigneusement inspectées; je repasse mon pantalon, le Cdt. allemand me traite d'espion, les mitraillettes sont braquées sur moi, je n'en mène pas large, Albert est un peu à l'écart, Marguerite est toujours dans le camion, cachée dans une caisse, où elle dormait depuis notre départ.

D'autre coups de feu éclatent, c'est l'officier allemand qui tire dans le camion, il sait qu'il y a encore quelqu'un à l'intérieur; affolé et de crainte qu'elle soit tuée, je crie Marguerite, descend ils vont te tuer, à peine avais-je transmis mon appel que l'allemand d'un coup de poing en pleine figure me ferme la bouche, pendant ce temps Marguerite tout en pleurs est descendue et est allée se placer près d'Albert.

Thursday, may 27th 1943

At 12:30, near the border, I am arrested. One German officer, his pistol in hand, summons me to come down, I am hearing gunshots. As I set foot on the ground, I am surrounded by fifteen or more soldiers, all armed with submachine guns; in the blink of an eye I am stripped of my clothes and I remain in front of the commanding officer with only my shirt on, the linings of my clothes are unpicked and carefully inspected; I put my pants back on, the German officer accuses me of being a spy, all machine guns are pointing at me and I am livid. Albert is standing a little to the side, Marguerite is still in the truck, hidden inside a crate where she has been sleeping since our departure.

Others gunshots are fired, it's the German officer shooting at the truck, he knows there is someone left inside; fearing for her life I scream *Marguerite, get off they are going to kill you*, barely had I called out to her that a fist in my face is shuts my mouth meanwhile Marguerite, in tears, has come down and is now standing next to Albert.

Un sous-off me prend ainsi qu'Albert et nous place mains en l'air devant un mur, Albert est tout à côté de moi, lui non plus n'en mène pas large, je lui dis Albert ça va mal, ils vont nous tuer; crois-tu? oh c'est probable, je me retourne afin de voir ce qui se passe mais une bonne gifle en pleine figure me recolle la tête au mur.

On vient nous rechercher et l'on me ramène devant le Cdt. allemand, il me répète *espione, du bis ein espione*, je réponds *nein ich bin nicht ein espion*. Plein de rage l'allemand tire la balle passe à côté de mon oreille, il tire à nouveau et plusieurs fois de suite, les coups de feu détonnent à côté de mes oreilles, elles chantent et je n'entends plus rien, il me questionne à nouveau, comme je nie tout, il me claque des violentes paires de gifles en pleine figure que demain j'aurai une paire de beaux yeux noirs, je suis tout à fait devant le Cdt. allemand, je ne pleure pas mais j'ai des violents battements de coeur, de la main droite, je comprime mon coeur, en ce moment l'allemand me tirait dessus et tout à coup je m'aperçois que j'étais plein de sang.

Another officer takes me and Albert and places us hands in the air facing a wall, Albert is right next to me, his heart in his boots, I tell him Albert, it's not going well, they're going to kill us; don't you think so ? Oh, it's more than likely, I turn around to see what's going on but a slap right in my face throws my head back towards the wall.

They come to get us and I am brought back in front of the major, he repeats *espione, du bis ein espione,* I reply *nein ich bin nicht ein espione.* Outraged, the German shoots a bullet right by my ear, he shoots again several times, gunshots detonate in my ears, they are singing and I can't hear anymore, he questions me again but as I deny everything, he violently slaps me in the face, I will have nice black eyes tomorrow, I am right in front of him, I am not crying but my heart is pounding, I am holding it with my right hand while the German is shooting at me and suddenly I notice that I am covered with blood.

j'étais tellement affolé que je n'avais pas senti les balles rentrer dans les chairs et cependant j'avais encaissé 5 balles dont une dans le bras droit qui était transpercé, deux autres me transperçaient le bras gauche près de l'épaule, une quatrième dans le corps à côté du sein droit, elle y est du reste toujours, une cinquième dans le dos à hauteur des reins, elle se trouve à fleur de peau je crois que j'ai reçu ce coup de feu par après lors de la raclée que j'ai subi un peu après et de rage que l'allemand m'a tiré dessus quand j'étais couché sur le banc, j'ignorais du reste que c'était un coup de feu, c'est le surlendemain à l'hôpital de Reims que le médecin allemand en me soignant je lui disais que j'avais été piqué par un coup de baïonnette m'a dit que c'était également un coup de pistolet.

Me voyant plein de sang, je croyais bien ma dernière heure venue, l'allemand me demande si je connaissais et si je lui donnais le moyen de lui livrer un nommé Brachot de Charleroi qu'il nous mettait en liberté, je réponds que je ne connaissais pas Brachot, voyant qu'il n'obtenait rien de moi, il me conduit..

PAGE 3

I was so distraught that I hadn't even felt the bullets entering my flesh but nonetheless I had taken five, one of which pierced my right arm, two others my left arm, near the shoulder, a fourth one in the body next to my right breast, it is still there by the way, a fifth one in my back, in the kidney area, close to the surface and I believe I got this one right after the beating when the outraged officer shot me as I was laying on the bench, I didn't know that it was a gunshot, it is only two days later at the Reims hospital that the German doctor who was taking care of me confirmed that this too was a gunshot as I was telling him that I had been bayoneted.

Seeing all this blood, I thought my last hour had come, the German kept asking me if I knew a certain Brachot from Charleroi and he asks me if I knew him then said that if I could lead them to him, he would set us free, I reply that I didn't know any Brachot, seeing that he could not get anything from me, he takes me to ...

dans la salle de moulage d'une ancienne fonderie qui se trouvait à proximité, c'est du reste dans cette fonderie qu'ils se sont cachés pour nous faire tomber dans l'embuscade. Un type de la gestapo s'empare de moi et me conduit devant un établi puis imprimant une pression sur ma tête m'oblige à me courber sur le banc, il cause au Cdt. et aussitôt, je le vois s'avancer sur moi armé d'une baïonnette et il m'inflige une de ses raclées exécutée avec une telle sauvagerie que les plats de baïonnette en s'imprimant dans mes fesses faisaient toutes lignes sanglantes, je poussais des cris de douleurs, rien n'y faisait la brute n'arrêtait pas, je me sentais mourir, je croyais bien ma dernière heure venue, mille pensées traversaient mon esprit en même temps, je revoyais ma femme, mes enfants, mon père, ma mère, toute ma famille. ma jeunesse, je me revoyais enfant c'est incroyable ce que l'esprit d'un homme peut travailler quand il est dominé par la souffrance, l'effroi, la terreur et qu'il voit arriver la mort.

enfin les coups cessent de tomber...

the molding room inside an ancient foundry nearby, it is in fact where they had been hiding and waiting in ambush for us. A guy from the Gestapo takes hold of me and leads me to a workbench then pressing firmly on my head and forcing me to bend over the bench, he talks with the commander and I see him moving towards me with a bayonet in his hand and he gives me such a beating with such savagery that the flat side of the dagger leaves bloody marks on my buttocks, I was screaming but the brute would stop at nothing, I felt like I was dying, I thought my last hour had come, a thousand thoughts were crossing my mind and at the same time, I was seeing my wife, my kids, my father, my mother, all my family, my youth, I could see myself as a kid, it's incredible how the mind of a man comes to work as he is dominated by pain, dread and terror as he sees death coming.

At last, the beating stops...

je n'étais plus qu'une loque, le Cdt. me questionne à nouveau, je lui dis que c'était honteux de frapper et de traiter les gens de pareille façon et que plus tard sa conscience lui reprochera bien; j'ai le droit de vous tuer me dit-il, eh bien tuez-moi tout de suite lui dis-je que ce soit vite fini mais ne me martyrisez pas, sans doute honteux, il est parti sans me répondre mais non ce n'était pas honteux qu'il était, il s'en allait repasser les fesses de Marguerite, car elle aussi la petite malheureuse elle a passé au supplice.

Pendant ce temps on me laissait souffler un moment sous la surveillance d'un sous-off armé d'une mitraillette; pour me redonner du courage j'allume une cigarette et tout en la fumant je remarque une porte qui donnait dans une autre place qui elle donnait accès aux champs, aussitôt l'idée de m'enfuir se présente à mon esprit et je demande au gardien l'autorisation d'aller à la culotte, sur son consentement je passe dans cette autre salle bien résolu à m'enfuir, malheureusement le schleu m'accompagne et reste auprès de moi, toujours...

I was a human wreck, the major questions me again, I tell him that one should be ashamed to hit and treat people like that and that later his conscience will catch up with him; I have the right to kill you he says, well then kill me immediately and let's get this over with but don't torment me, maybe a little shameful, he left without a word but no, he was not shameful, he was going to take care of Marguerite's buttocks as she herself had to suffer the same torture.

Meanwhile, I was given a break under the surveillance of a soldier armed with a submachine gun; in order to give me some courage, I light up a cigarette and as I am smoking I notice a door leading to the fields, I'm immediately thinking of escaping and I ask permission to my guardian to go to the bathroom, as he agrees, I enter the other room ready to flee but unfortunately the Fritz comes with me and stays around me, forever...

mitraillette en dessous du bras dans la position du chasseur attendant la levée du gibier, mon projet de fuite étant irréalisable je rentre dans la grande salle en continuant à griller ma cigarette quand surgit tout à coup devant moi le lieutenant Hennecke qui me voyant fumer se précipite sur moi en me claquant une de ces gifles et en s'écriant, depuis quand fume t'on en prison.

A peine remis de ma nouvelle émotion qu'à son tour le lieutenant m'interroge et m'accuse de m'avoir déguisé en curé, je nie; le chauffeur témoigne et assure qu'il m'a vu habillé en curé et en plus que j'avais des armes, je nie toujours, alors Hennecke aussi se met en rage, il fait signe au type de la Gestapo qui me soumet aussitôt à une deuxième séance de torture, vous décrire ce que j'ai souffert est impossible, mais à bout de force et sous la douleur je tombai sans connaissance, c'est cette faiblesse qui mit fin à mes tortures; quelques minutes après je roulais dans une voiture vers la prison de Charleville, Marguerite suivait dans une seconde voiture et Albert dans une troisième, nous étions solidement encadrés...

submachine gun under his arm as a hunter waiting to catch his prey, my escape plan being compromised, I get back inside the big hall still smoking my cigarette when suddenly lieutenant Hennecke appears in front of me and, seeing me smoking, lunges for me and slaps me so hard screaming, since when does one smoke in prison ?

Having scarcely regained my composure, The lieutenant starts questioning me as well and accuse me of disguising myself as a priest, I deny; the driver testifies and swears that he saw me dressed as a priest and that I was armed, I am still denying, Hennecke sees red, he signals the Gestapo guy who takes good care of giving a second torture session, to describe what I endured is impossible, but completely worn out I fell unconscious under the pain, it's this weakness that ends my ordeal; a few minutes later I was driven by car to the Charleville prison, Marguerite was following in a second car and Albert in a third, we were heavily guarded...

PAGE 7

les allemands croyaient s'en doute tenir l'ennemi n°1 du grand Reich, bon dieu quel déploiement de force pour nous.

Arrivé à la prison de Charleville, on me couche dans une cellule occupée par un belge de Châtelineau et un ingénieur français, j'étais bien arrangé, tout démoli, tout courbaturé, mes blessures me brûlaient, le lendemain un docteur allemand est venu, j'avais 40° de fièvre, le surlendemain on me transportait en auto à l'hôpital de Reims, je passe devant trois Dr. allemands, le chef me demande ce que j'ai eu pour être arrangé de la sorte, mon derrière était tout noir et comme de la viande hachée; je lui dis que j'étais redevable de cela aux allemands il a été bien en colère en me voyant moi j'ai compris qu'il pensait que les autres avaient facile de démolir les gens et puis qu'on lui envoyait pour les raccommoder.

Dimanche 30 mai

J'ai bien mal, ça ne va pas, je suis seul dans une chambre, ma fenêtre est protégée par des barreaux, je suis sous la surveillance de deux gardiens qui ont toute l'aile que j'occupe à surveiller, le temps me semble bien long, je pense aux miens, ma femme et mes enfants doivent être bien inquiets...

the Germans firmly believed they had gotten hold of the Reich's number one enemy, by God, what of force for us.

Arrived at Charleville's prison, they lay me down in a cell occupied by a Belgian from Châtelineau and a French engineer, I was a wreck, destroyed and stiff, my wounds were burning, the next day a German doctor came, I was feverish, the day after that they were driving me by car to the Reims hospital, I see three German doctors, the chief asks me what I got to be in that state, my behind was black and resembled ground meat; I told him that the Germans were to be held accountable for this and he got very angry when he saw me, I understood that he was tired of others demolishing people before sending them to him to be mended.

Sunday, may 30th

I really hurt, it is not going well, I am alone in a room, my window is protected by bars, I am under the surveillance of two guardians who take care of the whole wing where I'm staying, time seems very slow, I think about my people, my wife and my kids must be very worried...

et bien tristes et ma pauvre maman va encore avoir bien de la peine à cause de moi.

Les chambres voisines sont occupées par 4 aviateurs anglais qui ont été descendus au-dessus de Reims en revenant d'avoir effectué un raid sur l'Italie, mon voisin anglais a la jambe cassée, il est très jeune 20 à 25 ans, très sympathique, je l'ai entrevu ce matin je lui ai fait signe bonjour, il m'a répondu en riant et en portant le pouce en l'air, geste qui signifie que tout va très bien, il chante toute la journée et bien souvent il recommence le Tipperary, il est plus gai que moi, il est vrai que pour lui la guerre est finie et pour moi, elle ne fait que commencer !

Le manger est très bon et j'en ai même de trop.

Mardi 1er juin

Le temps est long en prison, je suis inquiet mon esprit travaille beaucoup, je pense aux miens.

Est-ce aujourd'hui que ma femme va venir me voir et m'apporter des cigarettes, car j'ai confiance, ma femme viendra me voir elle apprendra où me trouver et alors elle saura se débrouiller pour arriver jusqu'à moi, ah malheureux que je suis qui ignore qu'il est au secret et que toutes ces...

and so sad and my poor mother is going to be very sad because of me.

The neighboring cells are occupied by four English aviators who went down over Reims after raiding Italy, my English neighbor has a broken leg, he's very young, 20 to 25 years old, very friendly, I took a glimpse and waved at him this morning, he replied with a smile and his thumb in the air, meaning everything is all right, he sings all day long and so often he starts over the Tipperary, he's more cheerful than me, it is true that war is over for him while for me, it's only beginning !

The food is very good and I have more than enough.

Tuesday, June 1st

Time is slow in prison, I am anxious, my mind works a lot, I think about my loved ones.

Is it today that my wife will visit me and bring me cigarettes, because I trust it, my wife will come to see me, she will know where to find me and she will then find a way to get to me, unfortunate that I am, not knowing that I am in solitary confinement and that all these....

PAGE 9

lettres seront interceptées par Hennecke le lieutenant chargé de l'instruction.

J'ai mal dans la poitrine et au coeur, mes bras sont d'un noir d'encre à proximité de mes blessures, un prisonnier m'a dit que j'aurais pu attraper la gangrène.

Je suis très inquiet au sujet de mes amis arrêtés avec moi, je voudrais retourner à Charleville, j'ai peur qu'ils ne parlent et si les allemands apprennent la vérité avec l'essence je risque fort d'être fusillé. J'ai des violents maux de tête, vais-je avoir la farce de Toulouse?

Quel embarras et dans quel guêpier me suis-je encore une fois fourré.

Vendredi 4 juin

Cette journée est enfin passée mais qu'elle fût longue ma femme n'est pas venue. Quoique n'étant pas guéri je vais demander au Dr. pour rentrer en prison.

Je retrouverai mes amis, j'aurai des nouvelles, ils croient peut-être que je suis mort, je n'en vaux guère mieux, depuis la fameuse danse que j'ai reçue mon coeur est tout démoli ainsi que tout la carcasse .

Samedi 5

J'ai été appelé auprès du docteur, je lui...

letters will be seized by Hennecke, the lieutenant responsible for the investigation.

My chest and my heart hurt, my arms are black as ink near my wounds, a prisoner told me that I could have suffered from gangrene.

I am worried about my friends arrested with me, I would like to return to Charleville, I'm afraid they would talk and if the Germans learn about the fuel, I am very likely to be shot. I have violent headaches, will I get the Toulouse joke ?

What an awkward position and what trap have I got myself into ?

Friday, June 4th

This day is finally over but was it a long one, my wife hasn't come. Even though I'm not healed, I will ask the doctor to get go back to prison.

I will see my friends again, I will have news, they might think I'm dead, I'm not worth a lot more, since the last beating my heart is all broken as well as my carcass.

Saturday the fifth

I was called by the doctor, I told him ...

ai dit que j'avais mal dans la poitrine et que j'avais sans doute encore des côtes cassées et que je crachais du sang, il m'a répondu que l'on devait attendre le développement, il m'a à peine regardé, une infirmière m'a remplacé mes pansements.

J'ai maintenant un copain de cellule, c'est un prisonnier russe, un cosaque, il a une pleurésie, quoique l'on soit bien nourri il est toujours affamé et je ris à le voir, plus tard je comprendrai à mon tour ce que c'est que la faim, en attendant tous les jours je lui donne mon gruau d'avoine et deux tartines.

Samedi 12 juin

Un troisième malade est venu nous rejoindre c'est un prisonnier français évadé, il est rempli de gale, il possède du tabac et nous en profitons tous, cette cigarette fait passer mon cafard, car je n'ai pas de chance, maintenant je suis rempli d'abcès en dessous de chaque bras, la nuit je ne dors pas et dans mon lit j'ai peur de me bouger, au moindre mouvement j'ai mal.

J'ai reçu un petit colis de 1 Ko. de la Croix-Rouge française, un peu de cerises, quelques biscuits, une dizaine de morceaux de sucre, 50 grammes de piquantes mais pas de cigarettes et ces petites rosses là elles me manquent.

that my chest was hurting and I probably still had some broken ribs and that I was coughing blood, he replied that we had to wait for further developments, he barely looked at me, a nurse changed my dressings.

I now have a cell pal, he's a Russian prisoner, a Cossack, he has pleurisy, even though we are well fed, he's always starving and I laugh at seeing him, later, I will come to understand what hunger is, in the meantime I give him my every day oatmeal and two slices of bread.

Saturday, June 12th

A third patient joined us, he's an escaped French prisoner, he's filled with mange, he has tobacco and we all benefit from it, that cigarette chases my blues away because I'm out of luck, I now have abscesses under each arm, I don't sleep at night and I'm afraid of moving in my bed, any movement makes me hurt.

I got a two pounds package from the French Red Cross, a few cherries, some cookies, a dozen sugar cubes, fifty grams of *piquantes*(?) but no cigarettes and I miss those little scoundrels.

J'ai écrit à Simone Cannone pour qu'elle m'envoie un paquet de cigarettes, j'ai remis à la femme qui vient tous les jours nettoyer ma chambre une lettre pour chez moi, elle la fera porter en Belgique.

Je suis bien désolé en pensant à ma famille, ma femme doit bien avoir des ennuis non seulement avec les suites de mon arrestation mais avec le saccage de mon commerce, elle n'est au courant de rien, je regrette de ne pas avoir initié Nelly aux affaires.

A trois, le temps passe plus vite, le cosaque nous fait comprendre qu'en Russie on vit très bien et que l'on est heureux que Staline est très *goed* et que Hitler est *niet goed*, que les cosaques sont toujours à cheval et armés de mitraillettes, quand il y a des allemands qui tombent entre leurs mains ils sont tous passé à la chaudière c'est ainsi beaucoup plus *goed* me dit-il.

Samedi 19 juin

J'ai vraiment une épidémie d'abcès, dès qu'il y en a un de guéri il m'en revient un nouveau à côté, mes autres blessures vont très bien je ne mourrai pas encore de celle-ci je dois donc m'estimer heureux en tout cas plus heureux que ceux qui se trouvent...

I wrote Simone Cannone for her to send me cigarette packs, I gave a letter with my home address to the woman that cleans my room every day, she will have it sent to Belgium.

I am very sorry thinking about my family, my wife must face a lot of trouble not only with the aftermath of my arrest but also with the havoc of my business, she knows nothing, I regret not initiating Nelly to the business.

Being three, time flies faster, the Cossack tells us that in Russia one lives very well and one is happy, that Stalin is *goed* and Hitler *niet goed*, that Cossacks are always on their horses with submachine guns in their hands, and when Germans fall into their hands, they are all executed and it's a lot better like that says he.

Saturday, June 19th

I am really suffering from an epidemic of abscesses, as soon as one heals, a new one emerges next to it, my other wounds are really well, I am of going to die from them. I should consider myself happy or at least happier than those ...

en face, là c'est la morgue où l'on dépose les cadavres allemands, tous les jours le corbillard en prend livraison de plusieurs on place sur les cercueils le drapeau à croix gammée, une couronne à chaque corps, deux soldats pour aider à les mettre dans le trou et en route sans tambour ni trompette moi je me dis en voila encore autant qui n'auront plus froid aux pieds nu mal aux dents

Les prisons

26 juin

J'ai encore un abcès ou deux qui ne sont pas guéris. Un gardien est venu m'apporter mes vêtements dans quelques minutes je pars en prison à Charleville sous la surveillance d'un gendarme allemand qui pendant tout le trajet sera très aimable, il ne met pas les menottes mais en revanche il me donne du tabac ce qui est mieux.

Vers 1h et demi je franchis la porte de la prison et quelques minutes après je me trouvais en cellule tout seul comme un rat, j'étais au secret.

Huit jours après je peux enfin écrire à ma famille et leur faire savoir où je me trouve; entre-temps à la promenade que l'on effectue deux fois par jour j'ai pu revoir Albert et François et entrer en...

in front of us, there is the morgue where German corpses are laid, the hearse picks up several per day, each coffin is covered by a swastika flag, one wreath for everybody, two soldiers to help put it in the ground and then on they go unobtrusively but I tell myself that many more than will no longer have cold feet or toothaches.

The prisons

June 26 th

I still have an abscess or two that have not healed. A guard brought me my clothes, in a few minutes I will be leaving for the Charleville prison under the surveillance of a German policeman who will be very kind during the whole trip, he does not cuff me but he gives me tobacco which is better.

Around one thirty I enter the jail and not long after that I'm back alone as a rat in my cell, I was still in solitary confinement.

Eight days later, I can eventually write my family and let them know where I am; meanwhile during our twice a day walk, I was able to see Albert and François again and engage...

conversation avec eux; ils m'apprennent que l'officier instructeur connaît toute l'affaire, ça se présente donc mal mais d'un autre côté je sais à quoi m'en tenir, à l'instruction je n'aurai plus à ruser ni à nier. Marguerite a été transportée huit jours avant ma rentrée à l'hôpital de Reims.

Vers le 10 juillet je reçois enfin une lettre de chez moi, quel réconfort quel plaisir quelle joie elle m'a donné cette chère petite lettre, si tu savais jamais chère petite Nelly la quantité de bonheur tu as apporté à ton malheureux père le jour qu'il a reçu ta première lettre, je l'ai lue, relue par centaines et centaines de fois, quand on me l'a apportée j'étais à la promenade j'étais tellement heureux que tout d'abord j'ai pleuré et après en cellule j'ai chanté et j'ai dansé, elle n'était pourtant pas bien longue ta chère lettre ma petite Nelly mais pour tout le bonheur qu'elle m'a procuré, je t'adresse d'ici encore du fond de l'Allemagne un grand merci.

Vers la fin juillet on m'appelle au bureau quelle agréable surprise, ce sont mes deux grandes filles mes deux chers petits enfants qui sont venues voir leur papa, elles sont toutes les deux très jolies, ma Gisèle est bien grandie, il y a deux mois à peine que je ne les ...

a conversation with them; they let me know that the office in charge knows the whole story, it does not look good but on the other hand, I know where I stand and during the hearing, I will no longer have to outwit or deny. Marguerite was transported eight days prior to my arrival at the Reims hospital.

Around the tenth of July, I finally receive a letter from home, how much solace, how much pleasure and how much joy did that dear little letter bring me, if you only knew my dear little Nelly the amount of happiness you brought to your unfortunate father the day he received your first letter, I read it, read it again hundreds of times, when they brought it to me, I was walking outside I was so happy that first of all I cried and the in my cell I sang and I danced, it was not yet very long your dear letter my sweet Nelly but for all the happiness it brought me, I once again thank you greatly from the bottom of Germany.

Towards the end of July I am called in the office, what a great surprise, my two big girls, my two dear children who came to pay their dad a visit, they are both very pretty, my Gisèle has grown a lot, it's only been two months since I last....

ai plus vues mais il me semble qu'il y a un siècle. Nelly aussi est fortifiée, minutes exquises, toutes de tendresse et de bonheur mais hélas mille fois trop courtes, bientôt nous devons nous séparer les cinq minutes accordées étant écoulées. séparation bien pénible et bien cruelle, avec elles qui s'en vont il me semble que ma vie s'en va aussi, je remonte en cellule avec ma peine et leur souvenir.

Quelques jours après on m'appelle à l'instruction, je suis encadré de deux soldats armés, le lieutenant Hennecke me dit de faire attention et m'avertit que si je tente à m'enfuir on n'hésitera pas à tirer sur moi, lui-même sans doute pour m'effrayer a défait la boucle de l'étui de son revolver; ah lieutenant Hennecke si un jour je vous tiens à mon tour, vous me payerez en une fois tout ce que vous m'avez fait endurer.

Mon interrogatoire, j'ai eu facile, je n'avais qu'à reconnaître ce qu'il me lisait en somme c'était toute l'instruction d'Albert et de François. Cependant au dernier moment il me demande à brûle-pourpoint saviez-vous que Marguerite possédait un revolver, je réponds que je l'ignorais et puis que ce n'était pas vrai, car si elle...

saw them but it feels like a century. Nelly also got stronger, exquisite minutes, filled with tenderness and happiness but unfortunately a thousand times too short, soon we will have to part, the five minutes gone by. Really painful and cruel separation, with them being gone, it seems that my life is going as well, I get back to my cell with my sorrow and the memories of them.

A couple of days later I am called to a hearing, surrounded by two armed soldiers, the lieutenant Hennecke tells me to be careful and warns me that they will not hesitate to shoot me should I try to escape, probably to frighten me, he himself has opened his holster, oh lieutenant Hennecke, if one day I get a hold of you, you will pay for everything that you made me endure.

My questioning was easy, I only had to admit what they were reading to me, in short the whole investigation of Albert and François. Nevertheless, at the last moment, he suddenly asks me if I knew that Marguerite had a revolver, I reply that I did not know and then that it was not true because if she....

avait eu un revolver, elle me l'aurait eu dit, ne faites pas la bête me dit-il vous en aviez un aussi, je n'étais pas fier car avec les schleus on ne sait jamais, ils sont capables de tout pour vous enfoncer, ne m'avait-il pas accusé de m'être habillé en curé, ah le salaud m'en a t'il fait voir, il me menaçait d'arrêter ma femme, je me souviendrai de ce brigand nazi.

L'interprète Wepeler me dit d'approcher près de lui, il me fait en français la lecture de mon acte d'accusation rédigé en allemand et que je devais signer il me dit à voix basse que tout cela va se tasser, mais que je luis dois une rude chandelle, si le jour de ton arrestation, je ne serais pas arrivé, ils t'auraient tué.

Je rentre donc en cellule avec de nouvelles inquiétudes au sujet du revolver de Marguerite.

Quelques jours après j'avais un copain de cellule, un petit français de Rouen qui reste un mois avec moi, j'en ai vu passer 19 comme cela dans ma cellule pendant les sept mois que je suis resté à Charleville. J'en ai vu de toutes les sortes, des jeunes et des vieux, saboteurs terroristes, voleurs de bestiaux, détenteurs d'armes et de caisses d'armes parachutées d'avions anglais; le lendemain de leur arrivée on venait les chercher pour l'interrogatoire...

did have one, she would have told me, don't play dumb he says, you had one yourself, I was not very proud because with the Fritz you never know, they are capable of anything to make you plunge, hadn't he accused me of dressing up as a priest, that bastard, he gave me hell, he menaced to arrest my wife, I will never forget that Nazi bandit.

The interpreter Wepeler asks me to approach him, He reads to me in French my indictment written in German that I had to sign then tells me in a lower voice that all of this is going to settle down but I owe him big time, if I hadn't arrived on the day of your arrest, they would have killed you.

I therefore go back to my cell with new worries regarding Marguerite's revolver.

A few days later, I had a cell mate, a short French guy from Rouen who stays with me for a month, I saw nineteen like him in my cell during the seven months that I spent in Charleville. I saw all kinds of people, young and old, sabotaging terrorists, cattle thieves, holders of weapons and crates parachuted from English planes; the day after their arrival, they were brought to questioning...

ils rentraient quelques heures après, d'aucuns me disaient avoir reçu même des cigarettes de la Gestapo, les pauvres, ils ne perdaient rien pour attendre, la bête allemande a parfois de ces hypocrisies bienveillantes, pour mieux vous amadouer, mais le lendemain si vous ne vous êtes pas mis à table qu'est ce que vous prenez. Coups de poing, bastonnades, flagellations, fouet électrique, pendaison, enfin la brutalité et la cruauté sous toutes ses formes, allant au supplice le plus raffiné digne du temps de l'inquisition.

"feurore teutonica" Gestapo bourreau, allemands spécialisés, vous en aurez entendu des plaintes et des sanglots de vos pauvres victimes qui rentraient en cellule toutes démolies en pleurant les yeux agrandis par la souffrance et la terreur complètement hagards et inconscients; et le lendemain ou le surlendemain nouvelle séance.

J'en ai entendu des plainte s de ces malheureux prisonniers, soumis à la question et des condamnés à mort ou attendant la condamnation.

N'est ce pas Fossier qu'il était doux le gourdin qui vous a caressé les fesses et cependant vous aviez 55 ans, il est vrai accusé d'avoir fait de fausses cartes d'identité.

Et toi Edgard, 40 ans, confiscation chez lui de 4000 kilos d'armes quel velours le fouet électrique de la Gestapo allemande...

they would come back a few hours later, some even said they received cigarettes from the Gestapo, poor chaps, they did not know what was coming, the German beast sometimes shows signs of friendly hypocrisy, to better coax you, but the next day, if you haven't told them what they need to hear, they will make you pay. Blows, caning, whipping, electrical whip, hanging, brutality in all forms up to the most refined form of inquisition times torture.

"Feurore teutonica", Gestapo executioner, specialized German, you have heard countless moans and cries of your poor victims who got back to their cells. shattered with eyes widened by pain and terror, totally distraught and unconscious; and the next day or even two days later a new session.

I have heard my shares of cries of these poor prisoners, questioned and sentenced to death or awaiting their conviction.

Wasn't the club sweet to you, Fossier while it was caressing your buttocks even though you were 55 years old ? It's true that you were accused of counterfeiting identity cards.

And what about you, Edgar, 40 years old, 4000 kilos of weapons confiscated in your house, wasn't the Gestapo whip like velvet ?

et puis fusillé.

Et toi Tardif, bon camarade au coeur d'or, 52 interrogatoires, directeur du chantier de Vendresse, employant 400 ouvriers presque tous des requis français mais au lieu de se rendre venaient se cacher et travailler dans les bois., j'ai appris plus tard que Tardif avait perdu la raison.

Et toi Espéron, officier français, chef de chantier sous les ordres de Tardif, futur condamné à mort, proie future du peloton d'exécution, vous tous par quels moments d'angoisse vous avez du passer en attendant le jugement.

Et toi Emile, petit français de 25 ans, armes et adhérent à un groupe de résistance, condamné à mort, les ai-je entendu tes plaintes, tes sanglots et tes cris de désespoir. tous les soirs à travers les barreaux tu me parlais de ton affaire et tu m'enviais, tu aurais voulu être à ma place, tu me questionnais et un soir tu me disais, que pensez-vous Mr. Bataille il y a aujourd'hui 52 jours que je suis condamné à mort, croyez-vous que j'obtiendrai un recours en grâce, bien sûr que oui lui répondais-je, sinon ils t'auraient déjà fusillé je lui donnais de l'espoir et aussitôt il reprenait un peu de courage, puis un matin on est venu le chercher, c'était le 1er novembre, jour de la Toussaint, le peloton d'exécution était là, il venait le chercher pour le fusiller, Emile ne...

and then shot.

And you Tardif, good pal with a golden heart, 52 questioning, manager of the Vendresse site, employing 400 workers almost all wanted Frenchmen who hide and work in the woods instead of surrendering, I learnt later that Tardif lost his mind.

And you Esperon, French officer, foreman under the orders of Tardif, future sentenced to death, future prey of the firing squad., all of you how many moments of anguish must have you known awaiting your sentence.

And you Emile, short 25 years old French man, weapons and member of a resistance group, sentenced to death, haven't I heard them your complaints, sobbing and screaming in despair. Every evening, you would talk to me about your business through the bars and you envied me, you would have rather been in my shoes, you would question me and one night you were telling me: what do you think Mr. Bataille, I have been on death row for 52 days, do you think that I will be pardoned ? Of course you will otherwise you would already be shot. I was giving him hope and instantly a little courage would come back to him then one morning they came to get him, it was the first of November, all saints day, the firing squad was there, they came to shoot him, Emile did ...

voulait pas sortir de sa cellule, il s'accrochait partout au lit, au poêle, aux barreaux, pour le sortir ils ont du l'assommer, c'est Albert qui a nettoyé par après sa cellule, elle était pleine de sang, pauvre ami cher camarade, dors en paix tu es mort en brave en saluant la France.

Un de ces amis, accusé de la même affaire, préfère se loger son couteau en plein coeur que d'affronter les supplices de la question et l'anxiété du jugement.

Un autre de ma cellule, 23 ans, terroriste français arrêté avec une trentaine d'autres, armés de grenade et mitraillettes, préférait mourir de suite il voulait avaler sa cuiller, quel malheur quel malheur et combien d'autres.

Un certain matin, grand branle-bas on vient de me donner l'ordre de m'habiller et de faire vite, je pars en transport on vient aussitôt me chercher le temps de faire mes adieux à Tardif et aux autres et un moment après je retrouve le au corps de garde le camarade Albert et une vingtaine d'autres qui font partie du même convoi. après une demi heure d'attente le camion qui doit nous transporter étant arrivé nous nous acheminons pour prendre nos places respectives mais sous la surveillance des mitraillettes, une heure après nous arrivions à Sedan...

PAGE 18

not want to leave his cell, he would cling to the bed, the stove, the bars, in order to get him out, they had to knock him out, it is Albert who cleaned his cell afterwards, it was full of blood, poor friend, dear companion, rest in peace, you died with bravery, saluting France.

One of his friends, guilty in the same case, prefers stabbing himself in the heart rather than endure torture and the anxiety of the conviction.

Another one in my cell, 23 years old, French terrorist arrested along thirty of them, armed with grenades an submachine guns, wanted to die on the spot, trying to swallow his spoon, what a tragedy, what a tragedy and so many more.

One morning, big action stations, they come and tell me to get dressed and to do it quickly, I am being transported and straight away they come to get me, barely time to say my goodbyes to Tardif and the others and I find myself in the guardroom, the companion Albert and another twenty men are part of this convoy. After half an hour of waiting the transport truck has arrived and we walk to take our seats under the surveillance of submachine guns, one hour later, we arrive in Sedan...

prison allemande dans une ancienne caserne française

SEDAN

L'ancienne salle de police constitue notre prison nous y sommes à 26 et couchons sur des bas-flancs allongés comme des sardines dans une boîte, nous sommes relativement bien, l'adjudant est un type potable et les gardiens aussi. J'informe ma femme de mon changement d'adresse, je demande et j'insiste qu'elle vienne me voir, j'ai décidé de m'évader mais avant de mettre mon projet à exécution je veux absolument lui en causer car je crains qu'elle ne soit arrêtée; car maintenant je connais bien la vacherie des allemands.

J'ai bien attendu un mois après la visite de ma femme, je suis sans colis depuis plus d'un mois, j'ai faim; ma femme ne viendra pas et je devrai renoncer à mon projet d'évasion, quelques après je partais pour Paris et le lendemain j'étais dirigé vers les bagnes allemands où m'attendait de nouvelles et cruelles épreuves.

KASRUHE

Je fais partie d'un convoi de prisonniers civils qui part de Paris à destination de l'Allemagne, nous avons reçu un casse-croûte pour le voyage; nous sommes très nombreux pour faire le voyage. Les fenêtres de voitures sont protégées par des barreaux et les portes des compartiments sont fermées, le train roule toute la journée...

German prison in an old French barrack.

SEDAN

The old police room is our jail, it's the 26 of us sleeping on low sides like sardines in a can, we are relatively good, the warrant officer is an ok guy as well as the guards. I inform my wife about my change of address, I ask and insist that she comes to see me, I decided to break out but before putting my plan to work, I absolutely want to talk to her about it because I fear she could be arrested; for now I know very well the Germans dirty tricks.

I waited at least a month after my wife's visit, I have been without any package for over a month, I'm hungry, my wife will not come and I had to give up my escape plan. Later I was leaving for Paris and the next day I was redirected towards the German prison camps where new and cruel ordeals would await me.

KASRUHE

I am part of a civil prisoners convoy leaving Paris, destination Germany, we received a snack for the trip; there is a lot us travelling. The windows of the wagons are protected by bars and the doors condemned, the train rides all day...

et toute la nuit et dans le courant de la matinée suivante nous arrivons à Kasruhe, premier grand bagne allemand, autrement Zuchthauss qui veut dire Maison de Farce en français, ici c'est la résidence des bagnards allemands, des grands criminels et bandits de droit commun. On me sépare de mes camarades de Sedan, après m'avoir fait vider toutes mes poches je suis mis en cellule où je retrouve un jeune belge de Ciney, un huissier de Nismes condamné à mort mais gracié, et d'un alsacien revêtu d'un uniforme allemand qui a refusé de retourner au front russe.

Le lendemain, je suis occupé avec mes camarades de détention à la fabrication de boîtes en carton pour balles de revolver. L'huissier et le belge couchent dans le lit, l'un aux pieds et l'autre à la tête, moi et l'alsacien nous nous allongeons

sur une paillasse par terre. Quelle triste vie que je subis.

Ici ce n'est plus la même chose qu'en France, tout d'abord discipline, respect aux allemands, respects à la race supérieure, à la race élue et pour les races dites inférieures, elles doivent courber le front sous toutes les insultes, subir toutes les vexations et toutes les injustices.

Huit jours après, nouveau transfert nouveau...

and all night and during the next morning, we arrive in Kasruhe, first great German penal colony, also called Zuchthauss meaning prank house, here is the residency of long term prisoners, master criminals and common bandits. my companion from Sedan and I are separated, after emptying my pockets, I am placed in a cell where I meet a young Belgian from Ciney, a bailiff from Nismes, sentenced to death then pardoned and a man from Alsace wearing a German uniform who refused to go back to the Russian front.

The next day, myself and my detention companions are busy fabricating cardboard boxes for revolver ammunitions. The bailiff and the Belgian sleep in the bed, opposite to each other, me and the Alsatian lay on a straw mattress on the floor. What a sad life I am living.

Here it's totally different from France, first of all the discipline, respect towards the Germans, respect to the superior race, to the elected race and for the so called inferior races, they have to bow under all the insults and undergo all humiliations and injustices.

Eight days later, a new transfer....

départ et me voici parti pour Coblence, nous y passons une nuit, pour souper de la soupe aux poissons quelque chose d'infect, le lendemain départ à la gare par camions autos cellulaires et dans le train on nous emboîte comme des sardines dans des voitures spéciales pour prisonniers, le soir nous arrivons à Francfort et nous sommes remis dans les mains de la Schupo aidée de grands chiens loups pour accompagner le convoi jusqu'à un synagogue juive transformée en prison-dortoir, nous y passerons la nuit.

Il y a de tout dans cette prison, des belges qui viennent de Rheinbach, d'autres comme nous qui y vont, il y a là, un peloton d'allemands une trentaine d'hommes avec leur lieutenant, tous déserteurs et refus de retourner au front russe, ils s'en vont à la frontière hollandaise dans un camp disciplinaire allemand " salut et chapeau bas devant les russes, c'est eux qui ont mis à genoux le militarisme allemand".

Toute la nuit la Gestapo du haut d'un balcon qui nous domine, nous surveillera toute la nuit et regardera si notre sommeil est bien calme et si nous n'avons pas de cauchemars, nous n'avons jamais été entourés d'autant de sollicitude.

Le lendemain matin, un bout de ...

a new departure and here I am on my way to Koblenz, we will stay there for the night, dining on fish soup, something atrocious, the next day we leave for the station aboard trucks and in the train we are piled up like sardines in special wagons for prisoners, at night we reach Frankfurt and we are handed over to the Schupo helped with big wolf hounds to accompany our convoy to a synagogue transformed into a dormitory jail, we will spend the night there.

There is a bit of everything in this prison, Belgians from Rheinbach, others like us who are going there, there is also a German squad, thirty some men with their lieutenant, all deserters who refuse to go back to the Russian front, they are going to the Dutch border in a disciplinary German camp "hi and my hat to the Russians for they have brought German militarism to its knees".

The Gestapo will keep a watch on us from a balcony and will make sure that our sleep is undisturbed and that we don't have nightmares, we have never been surrounded by so much kind concern.

The following morning, a piece of ....

pain sec, appel et à nouveau sous la surveillance de la Schupo et des chiens loups, nous allons jusqu'à la criminel-polizei de Francfort, nouvelles demandes de renseignements et puis en route pour la gare, nous traversons la ville qui est intacte, je suis très étonné de voir qu'elle n'a pas été bombardée, nous sommes le 25 janvier 1944, je devais la revoir le 20 décembre donc onze mois après complètement détruite et dans un état de destruction impossible à décrire. Le soir nous arrivons à Rheinbach.

RHEINBACH

Nous entrons dans un grand hall et nous recevons un bol de bonne soupe, à peine restaurés nous devons passer isolément à l'Haus-Vater, qui nous fait déshabiller complètement, on passe à la baignoire, puis à l'habillement toutes nos affaires personnelles et nos vêtements sont confisqués, nous recevons une chemise, un caleçon, un pantalon avec sur chaque jambe une grande bande jaune, c'est le signe distinctif des forçats, une veste avec une bande également jaune sur la manche droite, un petit calot, une paire de chaussettes et une paire de sabots beaucoup trop grands avec lesquels on ne peut pas marcher, en entrant j'étais encore un homme mais à la sortie je ne suis plus qu'un bagnard, maintenant j'ai revêtu l'uniforme de la maison et je devrai coudoyer désormais des criminels, des bandits et des voleurs.

dry bread, roll call and again under the surveillance of the Schupo and their wolf hounds, we go up to the Frankfurt's criminel-polizei, new questions and then on to the station, we go through the city which is intact, I am very surprised that it has not been bombarded, it is the 25th of January 1944, I came to see it again on December 20th, thus eleven months later, completely destroyed and in a state of destruction almost impossible to describe. At night we reach Rheinbach.

RHEINBACH

We enter a big hall and are served a bowl of good soup, once fed, we have to go to the Haus-Vater, one by one, we are completely stripped, we go into the tub then to the clothing section, all our personal belongings and clothes are confiscated, we are given a shirt, an underwear and a pair of pants with a big yellow stripe, the distinctive mark of prisoners, a vest, also with a yellow stripe on the right sleeve, a small forage cap, one pair of socks and a pair of clogs way too big with which one can't walk, I was a man when I entered but on exiting the place I am merely a convict now, wearing the house uniform et and I will have to come into contact with criminals, bandits and thieves.

Sous la conduite d'un gardien je monte au 4e étage et je pénètre en cellule, je suis seul il est minuit j'arrange mon lit et je me couche je n'ai pas pu dormir.

Le lendemain à 5h réveil, vers 9h on vient me chercher pour me raser les cheveux, puis photographie et visite médicale, le Dr. s'aperçoit très vite que je suis malade du coeur, il constitue mon dossier médical et me dis que je n'irai jamais travailler dehors de ce fait jamais je n'aurai la ressource de ceux qui travaillent en commando donc impossibilité de me défendre pour obtenir de la nourriture ou du tabac.

Je reste trois longs jours seul en cellule pour tuer le temps je cire le plancher en le frottant avec mon verre. Le manger est très bon à Rheinbach mais on n'en a pas beaucoup. Le 4e jour, je suis affecté aux tailleurs, je répare des pantalons et des vestes de soldats allemands qui sont destinés aux prisonniers russes, la plupart de ces vêtements sont déchirés et encore maculés de sang, je travaille pendant 15 jours aux tailleurs puis l'on me transfère à la dynamite.

Cet atelier est un vaste hall et occupe 150 à 200 ouvriers qui travaillent à la fabrication de cartouches de dynamites destinées à faire sauter les ...

Accompanied by a guard, I go up to the fourth floor where I enter my cell, I am alone, it's midnight, I make my bed and I lay down, I couldn't sleep.

The next day, wake-up at 5am, around 9am they come to get hair shaved then picture then medical examination, the doctor immediately notices that my heart is sick, he builds my medical file and tells me that I will never work outside, due to this, I will never have the resources that those who work in commando have and therefore no way for me to fight for myself and obtain food or tobacco.

I remain three long days alone in this cell, to kill time, I polish the floor by rubbing it with my glass. The food is very good in Rheinbach but we don't have a lot. The fourth day, I am appointed to the tailors, I mend pants and vests of German soldiers intended for Russian prisoners, most of these clothes are torn and still stained with blood, I work there for 15 days then I am transferred to the dynamite group.

This workshop is set in a vast hall where 150 to 200 workers make dynamite sticks intended for mine blowing.

PAGE 24

mines, je suis affecté au sertissage des cartouches, j'y travaille pendant une quinzaine de jours, puis comme mon rendement n'est pas suffisant on me vire pour devenir contrôleur, j'ai pour travail de vérifier si les fils ne sont pas dénudés, si les cartouches sont bien serties et bien montées.

J'ai pu faire venir pour travailler à côté de moi un camarade de Lodelinsart, nous pouvons ainsi bien souvent parler de notre beau pays de Charleroi. Nous avons bien eu des moments de cafard et de défaillances à Rheinbach, surtout avec les canards que l'on nous faisait gober.

Vers le mois d'avril je quitte cet atelier pour rentrer   à la menuiserie, je devais réparer des caisses pour détonateurs, ce travail me plaisait beaucoup, c'était tout le temps scier, raboter et clouer, les journées passaient très vite mais là j'ai vu que ma santé était bien délicate, quand arrivait le soir j'étais complètement abattu. Je n'étais plus qu'une loque, le gardien venait m'engueuler car je ne produisais pas assez, j'arrivais à peine à 50 caisse par jour alors que les autres en faisaient 100 à 120, lors de la distribution de tabac pour moi c'était bernique, en Allemagne c'est comme cela...

I am appointed to the crimping of cartridges, I work there for fifteen days, then my efficiency being below standards, I am fired and become an inspector, my tasks are to verify if the wires are not apparent, if the cartridges are well crimped and mounted.

I managed to have a friend from Lodelinsart to come and work next to me, we can therefore often talk about our beautiful land of Charleroi. We had many moments of blues and failures in Rheinbach, especially with the fake news we were told.

Towards the month of April, I leave that workshop to join the carpentry, I had to repair cases for detonators, I was very pleased with that kind of work, it was all about sawing, planning and nailing, days would fly but I could really see there that my health was very delicate, when the night would cone, I would be totally worn out. I was a human wreck, the guard kept yelling at me because I was not producing enough, I barely reached 50 cases a day while others were making 100 to 120, when tobacco was distributed, it was nothing for me, in Germany that's the way it goes...

tu dois travailler et produire pour avoir quelque chose tant pis si tu es malade. J'allais très souvent au médecin, j'avais entre-temps demandé pour entrer à la dynamite mais mon changement n'arrivait pas vite, dès que le docteur me voyait arriver il me reconnaissait et me disait, quelle nouvelle Bataille que veux-tu? tu sais bien que je n'ai pas de médicaments je en peux rien te donner et ne peux rien faire pour toi; veux-tu 8 jours de repos, quelque fois je refusais car ce repos c'était comme de la punition, vu que je devais passer toutes ces longues journées tout seul en cellule, rendez-vous compte combien c'était long, combien c'était triste et démoralisant; si je travaillais j'étais à peine rentré que je me couchais, je mangeais au lit et cependant je ne faisais pas beaucoup de travail et il est vrai que j'en étais incapable, le matin cela passait encore mais l'après-midi mes jambes se refusaient à me porter, quelque fois le gardien me surprenait assis sur mon banc, alors il m'engueulait et me disait *noch krank, ja, ja; tu bis immer krank.*

Un jour le tigre le plus méchant des gardiens-chefs m'a surprend près du feu il demande au vaguemestre ce que je faisais là, l'autre lui répond que j'étais toujours malade et que j'étais un carottier, il m'a regardé de travers, mais un peu après le chef d'atelier est venu me dire que le tigre avait...

you have to work and produce something , too bad if you're sick. I was going to the doctor's regularly, I had in the meantime asked to go back to dynamite but my new appointment was not coming, as soon as the doctor would see me he would recognize me and tell me, what's up Bataille ? What do you want ? You know I don't have medication, I can't give you anything, I can't do anything for you; would you like 8 days of rest ? Sometimes I refused the rest, it was like a punishment since I had to spend all those long days all alone in my cell, imagine how long that was, how sad and disheartening; if I worked, I would go to bed as soon as I got back, I would eat in bed and nevertheless I did not do much work, truth is I was not able to, in the morning it was ok but in the afternoon my legs were refusing to carry me, sometimes the guard would catch me sitting on a bench, he would then shout at me saying *noch krank, ja, ja; tu bis immer krank.*

One day, the meanest tiger of the chief guards caught sitting by the fire, he asks the mail officer what I was doing there and the latter replies that I was always sick and that I was a swindler, he gave me a funny look, but a little later the foreman came to tell me that the tiger had ...

dit que j'allais partir en camp de concentration, c'est-à-dire la plus effroyable des choses pour un prisonnier. C'est à la fin d'une journée semblable, donc bien malade et complètement démoralisé que je reçu votre lettre qui me fit tant de mal, elle m'annonçait que mon petit Gustave avait bien été malade et que nous avions failli le perdre, ai-je été désespéré en ce moment-là, j'étais à bout de force et de courage.

Maintenant je suis heureux de ne pas m'être évadé à Sedan à la Noël. je parie que c'est à ce moment que mon petit était malade et que tu devais Gabrielle passer toutes tes nuits auprès de lui, mon évasion lui aurait peut-être causé la mort car les allemands t'arrêtaient à ton tour vois donc d'ici l'inquiétude de nos enfants sans père ni mère, ta non venue à Sedan m'a peut-être coûté 1 1/2 an en plus en prison mais la vie de notre enfant a été sauvée, il vaut mieux cent fois ainsi.

Après maintes et maintes demandes au Dr. je peux enfin rentrer à la D.A.G. mais à peine suis-je remis de huit jours au turbin que l'on instaure le travail de nuit, alors ce fut pour moi le comble de tout, quand je rentrais le matin je croyais que j'allais mourir, je croyais que mon coeur allait éclater dans ma poitrine bon dieu ce que j'ai souffert et en plus on ne recevait pas à manger de la journée, dans les cellules nous étions cinq, si on servait à midi le dîner pour les autres et bien pour moi il n'y en avait pas, les travailleurs de nuit n'avaient qu'à dormir le jour. J'ai passé...

said that I was to leave for a concentration camp, meaning the most dreadful thing for a prisoner. It is at the end of such a day, really ill et totally demoralized that I got your letter which hurt me so much, it was telling me that my little Gustave had been very sick and that we almost lost him, how desperate was I in that moment, I was worn out and out of courage.

Now, I am happy not to have escaped from Sedan for Christmas. I bet that is the time when my little one got sick and you Gabrielle had to spend all your nights by his side, my escape might have caused his death because you would have been arrested as well, imagine the worry of our children without a father or a mother, you not coming to Sedan might have cost me an extra one and a half year in prison but the life of our child has been spared, it is a hundred times better like this.

After asking the doctor numerous times, I am finally able to enter the D.A.G but after barely eight days of work, night work is established, this for me capped it all, when I returned in the morning, I thought I was about to die, I thought my heart was going to explode within my chest good god how much I suffered and on top of that we did not get any food for the whole day, in our cells, it was the five of us, if lunch was served at noon for the others, well for me there was nothing, night workers were to sleep during the day. I spent...

à Rheinbach une sale période, puis fin avril c'était votre lettre qui m'informait le bombardement de la maison, ce fut le bouquet quelle période d'abattement et de désespoir. Au reçu de cette lettre j'ai demandé au tigre une permission, ma maison étant bombardée vous savez ce qu'il m'a répondu? que voulez-vous que cela me fasse, en Allemagne c'est par centaines que les maisons sont bombardées tous les jours en Allemagne. Finalement j'ai repris courage et arriva le premier acte de notre libération c'est-à-dire le 6 juin date du débarquement des armées alliées en France, et un beau jour ordre de transport on m'embarquait à Sisbourg, un autre bagne allemand.

SISBOURG

J'y arrive par camion-auto, tout trempé ruisselant d'eau pendant tout le trajet la pluie n'a pas arrêté, on nous fait coucher dans une grande salle sur des paillassons immenses, on est comme des bêtes étendus l'un à côté de l'autre et c'est rempli de poux. Nous sommes environ soixante, toutes nouvelles figures. A Sisbourg, je rencontre Mr. Faille de Gilly qui m'apporte une tartine. J'y reste deux jours et c'est le départ pour Boon nous allons travailler à l'usine Sonkin (?) , grande fabrique de meubles de bureau, nous sommes mélangés aux civils allemands, on y est très bien, nous récoltons même des mégots de cigarette et sous ce rapport je suis le plus privilégié de tout le commando, le lendemain très satisfait de moi le chef civil allemand me donne la moitie de sa tartine au saucisson je m'y plais fort bien et je puis dire que pour un type condamné aux travaux forcés la vie est belle et puis je suis prêt à m'évader j'ai à ma disposition des effets civils, mais décidément je n'ai pas de chance le cinquième ou sixième jour je suis désigné pour Leichmetall, usine de guerre...

a bad time in Rheinbach, then end of April it was your letter informing me of the house being bombarded, that took the cake ! What a moment of dejection and hopelessness. When I received your letter, I asked the tiger to be on leave, my house having been bombarded do you know what he replied ? Why do you think I care, in Germany, hundreds of houses are being bombarded every day. At the end, I took new heart and there came the first act of our liberation meaning on June 6th, date of the landing of allied forces in France, and one day transport order they were taking me to Sisbourg, another penal colony in Germany.

SISBOURG

I get there by truck totally drenched, it rained during the whole journey, they had us sleep in a big room on huge doormats, we were laying like animals next to each other and it's full of lice. We are almost sixty, all new faces. In Sisbourg, I meet Mr. Faille from Gilly who brings me a piece of bread. I spend two days there then we leave for Boon we are going to work in the Sonkin factory, famous manufacture of office furniture, we are mixed with German civilians, it's very pleasant there, we can even gather cigarette butts and I am therefore the most privileged of the whole commando, the next day, the German civil chief, very pleased with my work hands me half of his salami sandwich I really like it here and then I can say that for y guy sentenced to forced labor, life is good and then I'm ready to escape I have civilian clothes but I am really out of luck, the fifth or sixth day, I am appointed to Leichmetall, a war factory....

nous couchons dans des baraquements à proximité de l'usine qui est complètement camouflée, j'y retrouve un ancien copain de Rheinbach un montois très bon camarade, il possède 3 cigarettes sa ration hebdomadaire il me les passe, il a l'air très malheureux comme tous ceux qui sont là du reste, la nuit on étouffe c'est rempli de poux, encore une chance je n'y reste qu'une nuit le lendemain on vient nous rechercher au travail et l'on nous embarque à nouveau par camion-auto pour Wisseling à 15 kms de Cologne nous devons déblayer une usine de Goering, fabrique d'essence synthétique qui a été bombardée huit jours avant et qui et complètement détruite, c'est rempli de macchabées, ce travail ne m'enchante pas, vous êtes occupé à piocher et tout d'un coup votre outil rentre jusqu'au manche dans quelque chose de mou, vous avez deviné vous êtes dans le ventre d'un macchabée, quel horreur, on retrouve une tête d'un côté et une jambe de l'autre. Wisseling est un immense Kommando, ce sont toutes baraques mal foutues, très sales et elles sont remplies de vermine, les prisonniers ont l'air tellement malheureux qu'ils font pitié. Le lever est 4 1/2 h et ici pas de tire au flanc, il n'y a pas de malade qui tienne ici il faut bosser, vous pouvez être blessé ou malade ça ne compte pas pour arriver à être exempté il faut de la fièvre, ce que j'en ai vu là-bas des malheureux avec des abcès, d'autres avec des plaies aux pieds qu'ils en pouvaient plus que se traîner, il n'y a rien à faire, les allemands ne connaissent qu'une chose c'est marche ou crève. C'est là que je retrouve un type de Charleroi qui me connaît et qui venait souvent à la maison, il y a deux mois me dit-il qu'il n'ont plus eu de pommes-de-terre et que le manger est quasi nul, en effet leur figure est tirée, ils sont hâves et déguenillés, il y en a avec de grands...

we sleep in barracks next to the factory which is totally camouflaged, I see there again an old friend from Rheinbach, a guy from Mons, very good pal, he has 3 cigarettes his weekly ration and he gives them to me, he looks very unhappy like all the others there by the way, at night we suffocate it's filled with lice, luckily I only stay there one night the next day they pick us up at work and load us once again on trucks bound to Wisseling fifteen kilometers from Cologne we are to clear one of Goering's factories, a manufacture of synthetic fuel that was bombarded eight days before, it's completely destroyed, filled with stiffs, I don't enjoy this work, you are busy digging up and all of the sudden your tool goes into something soft all the way to the handle, you have guessed that you are in the belly of a corpse, how awful, we find a head here and a leg there. Wisseling is a huge Kommando, all badly made barracks, very dirty and full of vermin, prisoners here are so unhappy that they inspire pity. We get up at 4:30 am and here no shirkers, here you can't be sick, you have to work, you can be wounded or ill, it does not count, to be exempted you had to be feverish, I saw so many unfortunate chaps with abscesses, others with open wounds to their feet who could only crawl on the ground. there is nothing to do, Germans only one thing: walk or die. This is where I see again a guy from Charleroi who knows me and used to come and eat at the house, it's been two months he says since they had potatoes, the food is almost nothing, indeed their faces look tired, they are gaunt and ragged, some with big ...

trous au pantalon qui font voir leur cuisse jusqu'au genoux, quelle misère, quelle désolation. Je lui dis que je vais tâcher de me tirer d'ici, si tu pars me dit-il n'hésite pas car en plus on bombarde tout le temps, tu vois la baraque où tu te caches, la semaine dernière elle a sauté en l'air, il y avait cinq minutes que l'on était venu nous chercher pour nous mettre à l'abri, ici mon vieux la vie d'un homme est moins que rien, la discipline est forte et les allemands de plus en plus mauvais, la vie est intenable et si la guerre ne finit pas nous y laisserons notre peau. Ayant justement un abcès dans la gorge, je me rends au Dr. A 7h du soir, je lui raconte qu'il m'est impossible de travailler à la pelle et à la pioche avec mon cœur, à peine a t'il mis son appareil qu'il me demande mon âge comme si j'allais crever tout de suite et en même temps il jette à son secrétaire, retour Sisbourg demain matin, j'étais heureux de quitter cet enfer je n'y étais resté que deux jours, j'avais coudoyé la plus grande des misères vue à ce jour et nombreux sont ceux qui ne reverront plus leurs femmes ni leurs enfants car l'anémie et la tuberculose règnent en maîtresses au camp de Wisseling et cette putain de guerre qui ne finit pas.

Le lendemain à 7 heures départ de Wisseling pour Sisbourg par camion-auto, en y arrivant le Dr. me visite et me colle 8 jours de Lazout, on y crève de faim car on est en demi ration et les 8 jours écoulés je suis très content de rentrer en cellule. Le lendemain il faut travailler, je suis désigné pour la buanderie et j'y commence mon nouveau métier de tailleur mais à la machine, je dois réparer tous les genres de vêtements et d'effets nécessaires aux prisonniers. Je m'y plais très bien …

PAGE 29

holes in their pants that let their thighs show down to the knees, what a misery, what a desolation. I tell him that I am going to try to escape this place, if you leave, don't hesitate because on top of everything, we are bombarded all the time, do you see the shed you are hiding into ? Last week it was blown to pieces, five minute after they came and took us to the shelter, here old chap the life of a man is less than nothing, discipline is harsh and Germans are getting worse, life is unbearable and if this war does not end we will end up dead. As I now have an abscess in my throat I go to the doctor's. At 7 pm, I tell him that my heart condition prevents me from working with a shovel or a pickax, as soon as he places his instrument on me, he asks me how old I am as if I was die on the spot and at the same time he spits to his secretary, return to Sisbourg tomorrow morning, I was the happiest to leave this hell even though I only stayed two days, I had rubbed shoulders with the biggest misery known to this day and so many of them will never see their wife or children again because anemia and tuberculosis rule the Wisseling camp and this bloody war that does not end.

My truck back to Sisbourg leaves Wisseling the next morning at 7am and when I arrive the doctor examines me and send me to the infirmary for eight days, we starve there, its half ration and after 8 eight days, I'm really happy to go back to my cell. The next day I have to work, I am appointed to the laundry and I start there my new trade as a tailor but with a sewing machine, I have to mend all types of clothes and accessories needed by the prisoners. I really like it there...

mais un bon mois après je me fais renvoyer, l'Obervaguemestre m'accuse de sabotage. J'avais tout un tas de serviettes mais tellement déchirées que plutôt que d'y mettre des pièces, j'avais découpé ce qu'il y avait de bon et j'en avais fait des chaussettes russes. Est-ce que j'ai été engueulé, pour me punir le pointu m'a viré à l'atelier où l'on répare les chaussettes, mais au lieu d'être puni j'avais trouvé le tuyau, toutes les semaines je récupérais 4 à 5 paires de chaussettes et le dimanche à la messe je les vendais pour des cigarettes. Sisbourg était une mauvaise prison, la discipline très dure, le Dr. très mauvais et notre Obervaguemestre complètement fou, pour un rien il frappait sur les hommes. Trois de nos camarades y furent choisis comme otages et fusillés par 6 gardiens, ils tombèrent en se tenant par la main et en criant miséricorde.

Le 4 septembre à peine avais-je fini de dîner que les avions américains survolent la prison, ils nous survolent à 50m de hauteur, ils tournent et brusquement éclatent des rafales de mitrailleuses, je regardais les avions évoluer quand on ouvre la porte de ma cellule et un gardien m'ordonne de préparer mes affaires, il y a un nouveau transport, c'est la première évacuation et je suis dans le premier convoi, en attendant le départ qui a lieu demain, on nous rassemble dans la salle des douches, nous devrons y passer la nuit en ayant comme matelas le froid pavement. Nous sommes une soixantaine et pour passer notre dimanche nous nous sommes rassemblés tout un petit groupe et nous ne nous arrêtons pas de chanter, tout y passe depuis la Brabançonne jusqu'au Tipperary et la Marseillaise, mais pendant qu'éclatait l'internationale voilà la porte qui s'ouvre et l'inspecteur de police avec le chef de la centrale qui rentrent et qui bondissent jusqu'à nous en s'écriant n'êtes-vous donc pas honteux de chanter et de vous amuser quand sont en train de mourir une quantité de …

but I get kicked out after a month, The Obervaguemestre accuses me of sabotage. I had a whole lot of napkins that were so torn that instead of patching them, I had cut out all that the good parts left and made Russian socks with it. I was really shouted at and as a punishment I was kicked out of the sock mending workshop but instead of being punished I had fine a nice trick, every week I would get 4 to 5 pairs of socks and during the Sunday mass, I would trade them for cigarettes. Sisbourg was a bad prison, the discipline was very harsh, the doctor very bad and our Obervaguemestre completely crazy, for no reason he would hit the men. Three of our companions were chosen as hostages and shot by 6 guards, they fell holding hands screaming for mercy.

On September 4th, I had just had my dinner when American planes flew over the prison, they are flying 50 meters above the ground, they turn around and suddenly you can hear the machine guns roaring, I was watching the planes when the door of my cell swing open and a guard summons me to get ready, there is a new transport, it's the first evacuation and I am part of the first convoy, the departure will be tomorrow and while we wait we are gathered in the shower room, we will spend the night there with the cold floor as our only mattress. There are sixtyish of us and to kill our Sunday a small group of us has gathered together and we don't stop singing, anything goes from the Brabançonne to the Tipperary and the Marseillaise, but as the Internationale started, the door opens and the police inspector with the industrial foreman jump at us shouting aren't you ashamed of singing and having fun as a great number of women and children are dying...

Femmes et d'enfants, mais vous allez le payer, donnez-moi votre nom nous dit-il naturellement je me trouvais encore dans la bande, ils sont partis en criant et en gueulant comme savent faire les allemands, ce n'est pas cela qui nous empêcherait de dormir. Le lendemain à 4h réveil et une demi-heure après départ pour la gare et en route pour Nieder-Oden. Pour moi, il valait mieux quitter Sisbourg, car trois mois après le typhus se déclarait dans la prison et c'est par paquets m'a t'on raconté que l'on enterrait nos camarades.

NIEDER-ODEN

Le train qui nous emporte est arrêté constamment, nous sommes toujours en alarme, les avions américains remplissent le ciel j'en compte plus de 500, nous avons cassé le carreau pour pouvoir jeter un coup d'œil dehors. Sur la route les allemands ne s'en occupent guère il faudra que les bombes leur tombent sur la gueule pour les contraindre à se réfugier dans les abris. Après avoir roulé toute une journée nous arrivons à Dieberg et nous allons coucher à la prison.

Le lendemain matin, départ mais notre convoi se partagera en deux, une partie pour Hambourg et nous pour le camp de Nieder-Oden, nous y arrivons vers deux heures à notre descente une jolie gare se dresse devant nos yeux, c'est Nieder-Oden, ah le joli nom, c'est comme une chanson, nous oublions un moment notre situation, mais nos convoyeurs, se chargent bien vite de nous le rappeler, pistolet au poing ils surveillent le débarquement et nous devons nous mettre en rang par trois et en avant pour le camp, car il paraît que c'est dans un camp que l'on nous conduit et ceux-ci ne jouissent pas souvent d'une très bonne réputation.

Après une heure de marche nous arrivons en vue du camp, à gauche et à une centaine de mètres de la route...

but you are going to pay for this, give me your name, he says, naturally I still was part of the group, they left shouting and screaming as the Germans can, that's not going to keep us from sleeping. Wake-up at 4am the next morning and half an hour later we leave for the station en route to Nieder-Oden. For me, it was better to leave Sisbourg because three months later there was an outbreak of typhus in the prison and I was told that my companions were buried by the dozens.

NIEDER-ODEN

The train that takes us there is constantly stopped, we are still on alert, the American planes are filling the skies I count more than 500, we broke the small window to be able to look outside. On the road the Germans do not care much about it, only when bombs land on their faces will they seek shelter. After a whole day ride, we reach Dieberg and we are going to sleep in the prison.

We leave the next morning but our convoy will be split in two, one part heading for Hamburg and us heading towards the Nieder-Oden camp, we get there at around two, as we get off the train, we see this beautiful station, it's Nieder-Oden, what a pretty name, it's like a song and, for a moment, we forget about our situation but , without delay, our escort reminds us of it, they are monitoring the disembarkation pistol in hand and we have to stand in three columns and here we go for the camp, as it seems that we are taken to a camp this time and these do not have a good reputation.

After an hour walk, the camp is in sight, on the left and at about a hundred meters from the road...

se dressent une quantité de baraques, c'est la que nous allons souffrir de la faim, du froid et de misère pendant 4 longs mois, à droite une centaine de prisonniers torse nu travaillent de la pelle et de la pioche, et sont occupés à creuser des tranchées.

Nous pénétrons dans le camp, il est en épaisseur de 6 grillages de fils de fer barbelés et entre lesquels circulent une quantité de chiens grands comme des loups.

Nous rentrons tous au Lazaut, car notre convoi se compose exclusivement de malades, j'y resterai un mois, mon camarade Bosman de Gembloux n'en sortira que pour aller dormir de son sommeil éternel dans la plaine de Nieder-Oden, il est mort après 5 mois de diarrhée complètement vidé. J'ai la conviction que l'on nous a amenés ici, non pas pour nous guérir mais pour nous faire mourir, tout le monde a la dysenterie, à peine avons-nous fini de manger qu'il nous faut courir sur le tonneau qui fait office de water, il y a quatre tonneaux pour le service, dont trois pour les urines et le quatrième pour la grande commission.

De quels tableaux j'ai été le témoin c'est incroyable et burlesque le besoin était tellement pressant qu'il y en avait qui se mettait à deux sur le même tonneau, dos contre dos et en avant pour la séance, on était pis que des bêtes ,ils y en avaient arrivés a un tel degré d'idiotie qu'ils s'oubliaient dans leur lit, dans leurs pantalons et une fois un type du Calvados jusqu'à venir à table pour manger en ayant plein le pantalon et à l'épaule toute ravagée et remplie de pus par un abcès qu'il conservait depuis trois mois. Tous les matins on retrouvait des types qui étaient morts dans leurs lits, pour les vieux il paraît même pour ceux qui ne mouraient pas assez vite, il y avait un service piqûre parfaitement organisé. Une nuit, on remarqua qu'il y avait un vieux schleu qui était sur le tonneau, depuis un bon moment, on va voir, bon dieu quel...

stand a quantity of barracks, that is where we will suffer from hunger, cold and misery for 4 long months, to the right a hundred bare-chested prisoners are working with shovels and pickaxes, they are busy digging trenches.

We enter the camp, it is thick of 6 barbed wire fences between which roam a large number of hounds big as wolves.

We all go to the infirmary because our convoy consists mainly of sick people, I will stay there a month, my friend Bosman from Gembloux will get out only to rest forever in the plain of Nieder-Oden, he dies after 5 months of diarrhea, completely empty. I am convinced that we were not brought here to heal but to die, every one suffers from dysentery, as soon as we eat, we have to run for the barrels which acts as toilets, there are four barrels in service, 3 for urinating and the fourth one for the other thing.

I witness such situations, it's incredible and burlesque at the same time, the urge was such that some would sit back to back on the same barrel and off they went, we were worse than animals, some reached such a degree of nonsense that they would relieve themselves in their bed or in their pants and once this guy from Calvados came to the table for lunch with his pants full and his shoulder totally devastated by a puss abscess that he kept for three months. Every morning, we would found dead people in their bed, for the elderly, it is said that there was a perfectly organized service of injections for those who didn't die fast enough. One night we noticed an old Fritz that had been sitting on the barrel for a good while, we go to check it out, Oh my gosh how

PAGE 33

(horreur, odeur) il était mort ; encore heureux il aurait pu tomber dedans.

Le manger à Nieder-Oden était infect, mes cochons n'auraient certainement pas mangé la soupe que l'on nous donnait et pendant les 4 mois que j'y suis resté ce fut toujours et tous les jours la même soupe que l'on nous servait, elle nous foutait la chiasse et des furoncles sur tout le corps.

Dans les baraques et au dortoir régnait un froid de Sibérie et une fois que l'on avait soupé on devait se déshabiller, défense d'avoir son pull-over, rien que sa chemise et son caleçon et l'on attendait Mr. Le vaguemestre dans cette tenue une fois qu'il était arrivé on passait un à un devant lui pour aller se coucher.

Il y avait bien un poêle dans le fond de la baraque mais si jamais tu voulais t'en approcher le chef de baraque te chassait impitoyablement.

Le dimanche je faisais partie de l'équipe des volontaires qui nettoyait à l'eau le dortoir, on y gagnait trois patates de rabiot au dîner et quelquefois un bon rhume d'avoir les pieds mouillés.

La discipline était très forte, inspections sur inspections, on était rempli de poux, aussitôt le dîner terminé on s'enlevait la chemise et l'on commençait la chasse aux bestioles, puis deux ou trois fois par semaine, même avant de passer aux douches, inspection des chemises et si l'on vous trouvait un poux on vous rasait complètement, depuis les cheveux, en dessous des bras, sur la poitrine, la moustache, enfin partout, j'ai même vu un type on lui a rasé les sourcils.

(awful, smelly) he was dead; at least he did not fall into it.

The food at Nieder-Oden was atrocious, my pigs would not have touched the soup that we were given, the same one, every single day, it would give us the runs and boils all over the body.

A Siberian cold reigned in the barracks and the dormitories and once you had had your dinner, we had to take off our clothes, you could not keep your sweater on, only your shirt and underwear and we had to wait in this outfit for Mr. the vaguemestre, once he was there, we would walk in front of him, one by one, before going to bed.

There was a furnace in the back of our barrack but if you tried to get close, the chief would chase you away without mercy.

On Sunday, I would be part of a team of volunteers that would clean the dormitory with water, we would gain three extra potatoes for dinner and sometimes a good cold from having wet feet.

Discipline was very harsh, inspections after inspections, we were filled with lice, once dinner was over, we would take off our shirts and start hunting the little beasts, then two or three times a week, even before showering, shirt inspection and if one louse was found, you would be completely shaved, your hair, under your arms, your chest, moustache, well everywhere, I even saw a guy with shaved eyebrows.

PAGE 33 cont.

Vous voyez que l'on était heureux, toute cette misère, la faim et l'état de notre santé nous donnaient bien de l'inquiétude et cette faim me faisait parfois passer le temps avec quelques camarades français à constituer de bons dîners et l'on s'invitaient réciproquement, car ceux qui sont affamés ont souvent cette fantaisie de rêve que les gens qui n'ont jamais eu faim ignoraient complètement. La splendeur et l'importance que revêt une pomme de terre ou un vulgaire morceau de pain sec et la valeur qu'il prend dans l'esprit ne sauraient se comparer à aucun trésor du monde.

En sortant du lazaut, je suis parti travailler aux tranchées, j'y étais assez bien, je bénéficiais du grand air naturellement je resquillais dans le travail mais le chef était tellement vache que dans l'après-midi il nous voyait flâner un peu, il ordonnait d'enlever les chemises, alors pour se réchauffer il fallait bien bosser.

J'y suis resté un mois, puis vint le mauvais temps, j'allai me plaindre au Dr. que le travail était trop lourd pour moi et je fus transféré aux chaussettes.

Le 10 septembre nous apprenons que les américains occupent Aix-La-Chapelle, nous sommes pleins d'espoir et nous croyons fermement…

PAGE 33 cont.

You can see that we were happy with all this misery and hunger, our health would worry us a lot and this hunger sometimes made me kill time with some French companions elaborating good meals and we would invite one another   for those who are famished often have this fantasy and dream that people without this problem ignore totally. The splendor and the importance that a potato can have or the value of a mere piece of dry bread in your mind can't compare to any treasure in the world.

When I left the infirmary, I went to work in the trenches, I was rather well there, I could enjoy the fresh air and naturally I would be lazy in my work but the chief was so nasty that in the afternoon when he saw us wandering about, he would order us to take off our shirts, we then had to work to get warm.

I stayed there for a month then came bad weather, I complained to the doctor that this labor was too heavy for me et I was transferred to the socks section.

On September 10th, we learn that Americans occupy Aix-La-Chapelle, we are full of hope and we truly believe ...

que notre délivrance est proche. Vers 9h du soir, nous étions couchés quand on sonne l'alarme et les canons de DCA commencent à tonner, je saute en bas de mon lit et je vois par la fenêtre la nuit éclairée comme en plein jour par une quantité de fusées au phosphore qui descendaient lentement sur le sol, c'était féerique, on y voyait comme en plein jour, les bombes se déversaient par chapelets sur la ville de Darmstadt qui est à proximité de Nieder-Oden. Le bombardement a duré plusieurs heures et quand les américains furent partis, il ne restait que des décombres parmi lesquelles se trouvaient 15'000 morts.

Le dimanche suivant, à peine avons-nous fini de dîner qu'il y a une nouvelle alarme, les avions américains survolent le camp à peine à 50 m de hauteur, nous entendons aussitôt une rafale de mitrailleuses et quelques minutes après, on repassait avec le corps d'un gardien de garde au poste de surveillance, il avait deux balles en plein cœur, c'était encore un de moins et qui ne nous engueulerait plus.

Aux chaussettes, j'y suis très bien, il y a un bon petit poêle qui est constamment tout rouge, on dirait qu'il est honteux à voir notre travail, pour ma part il n'aurait pas à le critiquer car je m'en tire très bien et je suis le choux-choux du chef d'atelier qui est un allemand et qui se trouve en prison depuis 13 ans, il est grincheux et toujours de méchante humeur et il s'oublie même jusqu'à frapper sur les prisonniers, avec moi il est très gentil car je suis le plus fort producteur de chaussettes et puis c'est moi qui lui coupe les cheveux au rasoir, si tu voyais quel eu (?).

Notre atelier comprend une trentaine d'hommes, tous des vieux allemands de 65 à 70 ans, ils ont tous fait l'autre guerre et pour les récompenser Hitler les a fourrés en prison parce qu'ils se livraient à la mendicité, c'est comme cela du reste qu'ils proclamaient qu'en Allemagne il n'y avait pas de mendiants, c'était facile il les fourrait au bagne.

that our release is close. Around 9 pm, we were in bed when the alarm sounds and the anti-aircraft canons start firing, I jump off my bed et I see the through the window the night lit up as in broad daylight by a quantity of phosphorus rockets slowing descending towards the ground, it was magic, you could see as well as during the day, tons of bombs were pouring over the city of Darmstadt close to Nieder-Oden. The bombing went on for several hours and with the Americans gone, all that was left was rubbles amongst which lied 15'000 dead.

The next Sunday, right after lunch, there is a new alarm, the American planes are flying over the camp at merely 50 meters above the ground, we immediately hear machine guns firing and a couple of minutes later, they were carrying the body of one of the surveillance guards, two bullets to the heart, it was one less that would no longer yell at us.

I'm very pleased with the socks workshop, there is a nice little stove, always red, it seems ashamed of our work, on my behalf there is nothing to criticize, I'm doing very well and I am the foreman's pet, a German, incarcerated for 13 years, he's grumpy and always in a bad mood and sometimes he even hits the prisoners, with me he's very nice since I am the most productive sock maker and furthermore, I am the one who cuts his hair with a blade, if you could see what (not readable word).

Our workshop consists of thirty men or so, all elderly Germans ranging from 65 to 70 years old, they were part of the first world war and to thank them Hitler sent them to jail because they were panhandling, that is how they could proclaim that Germany had no beggars, they were throwing them in jail.

PAGE 34 cont.

Parmi ces trente hommes il n'y a que moi comme belge et le comte de Langle un breton, qui lui non plus ne reverra jamais son beau pays, il lui aussi couché dans la plaine de Nieder-Oden en train de dormir son dernier sommeil, c'était un bon type doublé d'un bon camarade et cependant l'allemand l'engueulait toujours.

Après un séjour de un mois dans ce service je passe au Bauver-Lager, c'est un atelier à l'intérieur du camp où l'on fabrique des cartouchières en cuir synthétique, on y est très bien, tous les matins à neuf heures on obtient un quart de soupe et 200 grammes de pain mais dans le début, faute de mon mauvais cœur, je n'arrivais pas à produire le minimum imposé par la Direction, de ce fait le pain me passait en dessous du nez, ce qui n'était pas gai pour moi.

Amongst these thirty men, I was the only Belgian and the count of Langle, a Breton who himself will never see his country again, he's also buried in the plain of Nieder-Oden, sleeping his eternal sleep, he was a good guy and a good companion but the German always yelled at him.

After a month in that department I switch to the Bauver-Lager, it's a workshop where they make synthetic leather cartridge belts, it's very pleasant there, every morning at 9 am we get a quarter of a soup and 200 grams of bread but, from the start, due to my heart condition, I was not able to reach the quotas imposed by the management, for this reason I was not given bread which was no fun for me.

Cette situation ne dura qu'en même qu'une bonne semaine car après, mais au prix de combien de soupirs et de souffrances, j'arrivais tout de même à fournir mon compte et obtenir un morceau de pain.

Quelques jours avant la Noël, au moment où j'allais toucher pour la première fois mon tabac, on vient m'appeler à l'atelier, je devais passer immédiatement aux douches en ensuite au magasin prendre mes habits civils, je partais dans une autre prison et je devais une nouvelle fois quitter mes camarades. Le Directeur avait examiné les dossiers médicaux de tous les prisonniers et les plus malades étaient dirigés soi-disant dans une prison-hôpital. Notre convoi comprenait une vingtaine d'hommes et l'on partait pour une nouvelle destination qui était Butzbach où se trouvait cette fameuse prison-hôpital, j'y devais bien souffrir, là j'ai cru que jamais je ne reverrais mes chers petits enfants ni tous ceux qui me sont chers, ma femme, ma mère et toute ma famille.

Mais c'est aussi à Butzbach que je devais avoir la plus grande joie, celle de voir arriver mes libérateurs, l'armée américaine.

BUTZBACH

Nous partons de Nieder-Oden le 22 décembre à midi nous arrivons vers 5 h à Francfort fin de notre première étape. En sortant de la gare je suis sidéré de voir dans quel état je retrouve cette ville. Il ne reste plus rien debout, ce ne sont que des ruines et je me demande où vont coucher les habitants.

This situation only lasted a week because after that, at the cost of many sighs and sufferings, I finally able to meet my quota et get the piece of bread.

A few days before Christmas, just as I was about to touch my tobacco for the first time, they come to call me in the workshop, I was to go immediately to the showers and then to the shop to pick up my civilian clothes, I was leaving for another prison and I once again had to bid farewell to all my companions. The director had examined the medical files of all prisoners and the worst cases were sent to a so-called hospital-prison. Our convoy consists of twenty men we were leaving for a new destination, Butzbach where this infamous hospital-prison was located, I would suffer a lot there, I thought I would never see my kids again nor all my dear ones, my wife, ma mother and my entire family.

But it's also there in Butzbach that I felt the biggest joy when I saw my liberators arrive, the American army.

BUTZBACH

We leave Nieder-Oden on the 22nd of December at noon and we arrive in Frankfurt at around 5 pm, our first stop. On leaving the station, I am really staggered by the state in which I find the city. Nothing is standing, there is only rubbles and I wonder where the people are going to sleep.

PAGE 35 cont.

En fait de déblaiement les allemands font enlever les débris qui obstruent les routes mais le reste demeure dans l'état tel que le bombardement l'a créé. Pour ceux qui sont dans les caves on ne les dégage même pas, ils sont enterrés vivants ; quel triste sort pour tous ces gens et ils sont nombreux et quelle désolation, il faut voir la ville de Francfort pour voir la puissance de destruction des bombardements américains, et c'est bien triste à penser que mon cher petit pays de Charleroi est peut-être arrangé ainsi. Ah les vaches, ils l'ont bien mérité eux, puisque ils l'ont voulu, mais nous avions-nous mérité tant de malheurs.

A 6 heures nous arrivons à la Criminal-Politzei où nous passons la nuit, le lendemain départ pour Butzbach où nous arrivons vers 11/2 h de l'après-midi.

Ici notre vie de bagnard recommence, nous sommes à nouveau en forteresse, j'ai comme copain de cellule, un belge de Blaton et un liégeois.

Comme prison-hôpital nous sommes servis nous arrivons ici comme malades et l'on nous met dans…

PAGE 35 cont.

Regarding the clearing of roads, the Germans clear the debris preventing traffic but everything else stays in the state created by the bombarding. For those in the cellars, no help is provided, they are buried alive; what a sad outcome for all these people and they are many and what a desolation, one has to see the city of Frankfurt to realize the power of destruction of American bombarding, and it is very sad to think that my dear little country of Charleroi might be in the same state. Gee, they deserve this since they wanted it but did we deserve such misfortune ?

At 6 pm we reach the Criminal-Politzei where we spend the night, the next day we leave for Butzbach where we arrive at 1:30 pm.

Here our convict life starts again, we are back inside a fort, my cell mates are a Belgian from Blaton et one from Liège.

Hospital-prison is more a joke than anything else because we arrive here as sick people and they place us in ...

une cellule où il n'y a pas de feu, nous sommes littéralement gelés et nous en quittons pas notre lit, crainte de perdre le peu de chaleur qui nous entoure, j'ai les pieds qui me font mal comme s'il y avait des aiguilles qui me rentraient dedans je finis même par les avoir gelés, et mes pauvres doigts sont tellement engourdis par le froid que le sang se retire complètement de mes mains, la circulation du sang ne se fait plus, mes ongles sont bleus et j'ai les doigts d'un mort, c'est seulement quand on sert la soupe et que j'ai bu quelque chose de chaud que ce mal disparaît et que la circulation du sang se rétablit mais pour recommencer après. Les rudes épreuves que j'ai passées à Butzbach.

Le copain Jules me dit même dans son lit il est en train de mourir de froid et s'il doit rester ici huit jours il en mourra, effectivement le quatrième jour il doit transporter mourant au Lazaut et deux jours après il était décédé , mort de froid et de faim, encore un de ces malheureux parmi tant d'autres qui ne reverra plus sa femme ni ses enfants, triste sort de ce copain, avoir subi toutes ces épreuves, avoir supporté tous ces mauvais traitements… à bout de force, à bout de courage et être si prêt du but.

L'état de santé de l'autre copain, le liégeois est devenu mauvais, on le transporte au lazaut cinq jours après c'est moi qui fait son paquet, son lit est rempli de pus, lui aussi est mort quelques jours après.

De mon côté, je crois que moi aussi je vais y passer car il faut voir avec quelle facilité on meurt ici. Je reste toute la journée dans mon lit, je grelotte de froid, j'ai le cœur qui flanche et je suis démoralisé de voir que l'on a pas de soins dans cette prison maudite. Nous sommes en plein hiver et nous avons pour tous vêtements une chemise, un caleçon, une culotte et une veste en toile blanche en lin on y voit clair au travers, autant dire que l'on est tout nu et on nous interdit nos vêtements personnels et la nuit pour nous couvrir nous avons seulement deux couvertures.

Quelles drôles et tristes fêtes de Noël et de Nouvel-An j'ai passé cette année, avec quelle impatience j'attendais le commencement du printemps pour revoir un peu de soleil et pour pouvoir se réchauffer dans ses rayons bienfaisants.

a cell without fire, we are literally frozen and we don't leave our beds, fearing to lose the little of warmth that surrounds us, my feet hurt as if poked by needles, they end up frozen and my poor fingers are so numb with cold that the blood withdraws completely from my hands, I am losing blood flow, my are blue and I have the fingers of a corpse, it's only when soup is served and that I have drunk something warm that this affection disappears and my blood circulation recovers but only to start again later. The harsh ordeals that I have known in Butzbach.

My friend Jules tells me from his bed that he's dying of cold and that if he has to stay here eight more days, he will die, indeed, the fourth day, he must be urgently carried to the infirmary and two days later he's dead, of cold and hunger, another of those unfortunate ones who will never get to see their wife and children again, sad fate for this pal, having gone through all these ordeals, having put up with all these bad treatments, worn out, all courage lost and so close to the goal.

The health of my other mate, the one from Liège has become preoccupying, they carry him to the infirmary, five days later I'm packing his things, his bed is filled with pus, he himself died a couple of days later.

For my part, I also believe that I'm going to croak because one has to see how easy it is to die here. I spend all day in bed, shivering with cold, my heart is failing and I am demoralized to see that we get no treatment in this bloody prison. We are in the heart of winter and our only clothes are one shirt, one underwear, one pair of trousers and a white linen jacket that you can see through, you might as well say that we are naked and we are forbidden to wear our civilian clothes and at night we only have two blankets to cover ourselves.

What sad and weird Christmas and new year celebrations I had that year, how impatiently I was waiting for spring to start in order to see some sun again et to be warmed by its beneficial rays.

Pour me garantir du froid j'avais même retiré de la paille de ma paillasse et je l'avais mise dans mon sac de couchage j'avais fabriqué une espèce d'édredon que je mettais sur moi la nuit.

Le gardien s'étant aperçu de la chose m'a fortement engueulé et m'a menacé de me mettre aux arrêts, puis j'ai du revider le tout.

Les arrêts consistent a descendre aux cachots vous y êtes et vous avez les chaînes aux pieds et aux poignets, c'est le remède idéal pour calmer les nerfs. Ils ne se gênaient pour rien ces bandits boches, jamais il ne fallait penser recevoir une aide quelconque d'aucun d'eux c'étaient de véritables garde-chiourmes, des vrais nazis, des véritables bandits car ici les bandits sont dehors et les honnêtes gens sont dedans.

Par après mon gardien m'a forcé à me lever et j'ai du aller travailler à défaire des plumes de poule pour en confectionner des matelas, il faisait tellement froid que je n'en pouvais plus et malgré la défense formelle, je suis monté à la Centrale pour me plaindre que je ne pouvais plus tenir. Voyant mon air tellement malheureux, le chef de la Centrale m'a transféré du rez-de-chaussée au 1er étage où l'on m'a affecté à la fabrication de fusibles électriques j'avais comme compagnons de cellule un lieutenant belge, bon camarade mais qui tombait dans des crises épileptiques et l'autre un français qui était tout démoli. Dans cette section et … travail, l'usine nous octroyait un lang-arbeit, c'est-à-dire une tartine tous les jours à trois heures, mais pour moi, il n'y en avait pas, le gardien me l'avait fait supprimer, parce que j'étais trop souvent malade, c'était encore une nouvelle torture voir mes deux copains manger et je devais me contenter de les …

To fight cold, I even emptied the straw from my mattress and I had put it in my sleeping bag, I had made kind of a comforter that I would cover myself with at night.

The guard noticed and shouted at me and menaced to put me under arrest, the I had to empty everything.

To be under arrest means to go down to the dungeon where your wrists and feet are chained, it's ideal to calm the nerves. They would not be embarrassed by anything these German bandits, you could never count on any help from any of them, they were truly galley guards, true Nazis, real bandits for here the bandit are outside and the honest people inside.

Later on, my guardian forced me to get up and I had to pluck chickens to make mattresses, it was so cold that I could no longer bear it and even though it was forbidden, I went up to the center of commands and complained that I could no longer go on that way.   Seeing me so devastated, the chief of command had me transferred from the ground floor to the first floor where I was appointed to the making of electrical fuses, My cell mates were one Belgian lieutenant, good pal but often victim of epileptic seizures and the other one, a French man, all worn out. The factory would give us a lang-arbeit, meaning a slice of bread every day at 3 pm but not for me because I was sick too often, it was another torture to look at my friends eating while I could only ...

regarder c'est vous dire si les allemands prenaient les plus petits des prétextes pour nous faire souffrir.

VERS LA LIBERATION

Vers la mi-mars nous apprenons que les armées américaines sont devant Francfort et avançant rapidement dans notre direction. Un samedi à 5 heures du matin, grand branle-bas de combat à la prison, les gardiens ouvrent toutes les portes des cellules en criant Erhaus. « tout le monde dehors ». on nous groupe et l'on nous conduit à la caserne, là nous sommes remis sous le commandement de l'armée que nous mène dans les campagnes de Butzbach, nous sommes munis de pelle et de pioches et nous devons creuser des tranchées, dans cinq jours le travail doit être terminé un fol espoir grandit en nous, ca sent l'américain, nous sommes tout le temps en état d'alarme, les avions américains sont dans le ciel notre (situation?) n'est pas rassurante car nous sommes gardés par les soldats qui (ont en?) plus de leur fusil chacun une grenade, il y a un soldat pour trois hommes, quelque fois les avions piquent et descendent jusqu'à 50m de nous, nous devons nous coucher dans les tranchées, un jour ... lancé des bombes incendiaires au phosphore qui sont tombées à une centaine de mètres de nous. Une fois six heures nous étions heureux de rentrer en prison, nous étions tous esquintés, nous ne pouvions plus marcher et aussitôt dans notre lit nous tombions comme des masses. Ce travail dura huit jours, un beau matin on nous fit rester en cellule, le lendemain (date?) Mars l'alarme est sonnée depuis 6 heures, les avions survolent (?) la prison, nous les voyons piquer ils rasent la cime des arbres du bois qui se trouve devant nous, ils bombardent nous voyons très bien les fumées dégagées par l'explosion, les rafales de mitrailleuses se succèdent sans interruption nous assistons à ce spectacle ... la nuit fut calme.

*****

watch them, this is to tell all the excuses the Germans used to make you suffer.

TOWARDS LIBERATION

Around mid-march we learn that the American armies are in front of Frankfurt and that they are moving quickly in our direction. One Saturday at 5 am, it's action stations in the prison, the guards open all the cells shouting *Erhaus*, everybody out. We are split in groups and taken to the barracks, there we are placed under the command of the army that leads us into the fields of Butzbach, we are carrying shovels and pickaxes and we have to dig trenches, within 5 days, the work must be completed, a crazy hope grows within us, it smells like Americans, we are constantly in alarm mode, the American planes are in the skies, our (situation?) is not reassuring because we are guarded by soldiers who , on top of their gun, each have a grenade, there is a soldier for three men, sometimes, planes nose-dive and are only 50 meters from us, we have to lay down in the trenches, one day they drop incendiary phosphorus bombs only a hundred meters from us. We were happy to return to prison at 6 pm, all exhausted, we could no longer walk and we would heavily fall onto our beds. That work lasted eight days, one morning we are to stay in our cells, the next day (prob. the date?) march, the alarm is given from 6am, the planes are flying over the prison, we see them nose-diving, they graze the tip of the trees of the woods in front of us, they bombard, we see very well the smoke due to the explosions, the machine guns burst without interruption, we are enjoying the show. The night was calm.

*****

Un dernier mot:

Ainsi se termine la dernière page du livre rédigé par mon arrière grand-père. Faute de place, je pense qu'il a interrompu son récit ici ou peut-être a-t'il poursuivi dans un autre cahier qui a disparu depuis. Nous ne le saurons jamais. Georges Bataille est revenu de la guerre et a retrouvé sa famille, sa femme Gabrielle et leurs 3 enfants: Nelly, Gustave et ma propre grand-mère Gisèle qui nous regardent tous depuis là-haut maintenant.

Il a vécu encore de nombreuses années malgré une balle dans le corps et les innombrables sévices subis pendant ses séjours dans les prisons et les camps allemands. Il est malheureusement décédé avant que je naisse mais j'ai par contre connu mon arrière grand-mère Gabrielle jusqu'à mes 5 ans.

Je pense qu'il serait fier et heureux de voir ses nombreux petits-enfants et arrière petits-enfants aujourd'hui et mon souhait est qu'à travers cet épisode de sa vie, perdure un peu de sa mémoire et de son passage sur terre.

Ludovic Moreau

One last word:

This is how the last page of the schoolbook written by my great-grandfather ends. For lack of space, he had to stop writing here or maybe he kept on writing on another book that got lost since. We will never know. Georges Bataille came back from Germany and was reunited with his family, his wife, Gabrielle and their three children: Nelly, Gustave and my own grandmother Gisèle who are all now watching us from above.

He lived many more years even with a bullet still in him and despite all the atrocities he endured in the German prisons and camps. He unfortunately passed away before I was born but I got to know my great-grandmother Gabrielle until I was five.

I think he would be happy and proud to see all his grandkids and great-grandkids today. I hope that through this time of his life, a little of him survives.

Ludovic Moreau

ANNEXE : Lettre du 25 avril 1945

Adressée à :

Madame Georges Bataille
4 place de la Ville Haute
Charleroi

Butzbach le 25 avril 1945

Ma chère femme, mes chers petits,

L'heure de la délivrance approche, le premier convoi de prisonniers belges part tout à l'heure, je serai malheureusement dans le second, je charge un camarade du premier transport à poster ce billet en Belgique.

Je me porte très bien, mais nous avons beaucoup souffert, j'espère que vous avez passé tous ces mauvais moments dans les meilleures conditions et que je vous reverrai tous en bonne santé ainsi que maman et toute la famille. Je rentrerai probablement dans le courant de la semaine prochaine.

Je vous embrasse tous et à bientôt.

Georges Bataille

APPENDIX: letter from April 25th 1945

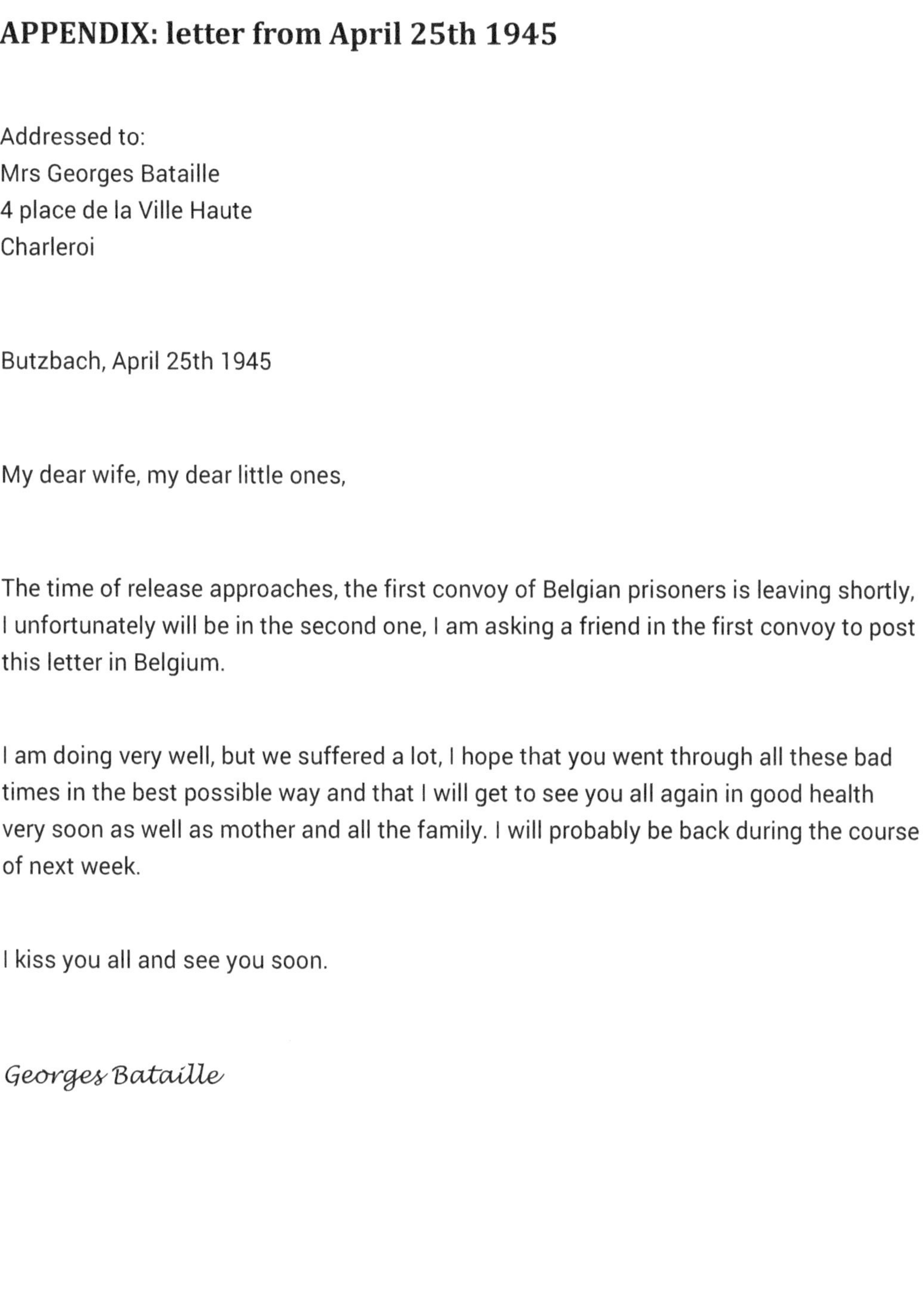

Addressed to:
Mrs Georges Bataille
4 place de la Ville Haute
Charleroi

Butzbach, April 25th 1945

My dear wife, my dear little ones,

The time of release approaches, the first convoy of Belgian prisoners is leaving shortly, I unfortunately will be in the second one, I am asking a friend in the first convoy to post this letter in Belgium.

I am doing very well, but we suffered a lot, I hope that you went through all these bad times in the best possible way and that I will get to see you all again in good health very soon as well as mother and all the family. I will probably be back during the course of next week.

I kiss you all and see you soon.

Georges Bataille